MANAGEMENT IN SCHOOLS

SPACE

办学空间学

——以上海市田园高级中学创新探索为例

陆振权／著

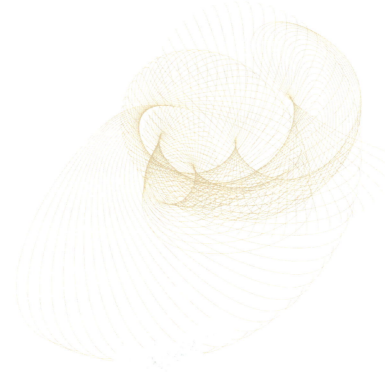

文匯出版社

播下梦的种子，在适合成长的空间里，积极灿烂，尽情绽放，成为最好的自己！

——谨以此书，献给在教育的田园里智慧耕耘的同仁们

这是一片值得永远开垦的教育绿洲

（序）

苏 军

陆振权校长将《办学空间学——以上海市田园高级中学创新探索为例》的书稿发给我，便提出邀请写个序，我当时有些犹豫。

后来想想，我作为一个提议者、见证人，是有些话要讲、可写，所以也就遵从了。

说起这本书的动议，不得不先说说我对年轻有为的陆校长的印象。时间、地点、人物，总是形成"故事"的核心要素。最初认识陆校长还是在七宝中学，因为采访经常会与时任校务办主任的他有接触的机会。年轻、正气、灵气，也许是留在我印象中的最初"底片"，一位美术学科的老师被安排到校务办主任的岗位上，总是有其特殊的"画风"。果然不出所料，没多久，他就走上了校长岗位了。其实，我俩产生亲近感和欢畅感，保持这么长的友谊和联系，倒并不仅仅取决于"第一印象"，而是由彼此对教育的钟爱、对办学的关注、对创造的情趣的"常态使然"。

说实在的，他所在的田园高中，当时并不起眼，是挤入高中行列的"小弟弟"。但就是在这块"田园"土地上，陆校长还是凭着信念、意志硬是促其开出了教育之花，并结出了丰硕之果，尤其是形成了具有鲜明个性的办学特色。有几件事，我至今还是记忆犹新。

——为学生正式出版作品集。2007年3月，田园当时高三学生凌姗姗写的书《我所认识的这个世界》，由中央民族大学出版社出版。这是田园建校以来第一个出版书籍的学生，在学校师生间引起了很大的轰动。这事看起来没啥稀奇，但在田园却不同，至少表明陆校长看到就是这么一所学校还是有可圈可点的"小荷尖尖"，能发现并为学生成长考虑，这样的情怀有景致；也表明他有以学生发展为本的理念和善于发现教育卖点的能耐。田园高中目前已经有6位学生正式出版书籍，同时每位学生都如愿考上了理想的大学本科继续深造。

——对从事的专业保持不变的热情。他是校长，但对自己本行从不丢弃，始终保持着对美术的初心，并且经常笔墨，作品还非常有专业的韵味，他的办公室有时就是一个美术微型展室，作为一个校长对专业能这样兢兢业业，足见其关注力和持久力。他还利用业余时间编著了《中外百幅名画赏析》校本教材，配合学校底楼大厅墙壁上悬挂的中外名画，让学生在校期间，都能接触感受、读懂和理解100幅中外名画，积淀下了美术作品的鉴赏底子。

——善用社会资源。开设"金葵花"奖，每一届的颁发仪式，成为教育的经典时刻。每年10月18日，是陶行知先生的诞辰纪念日，陆校长把那天作为校庆纪念日，隆重颁发奖励一线教师的"金葵花教育奖"，奖励服务保障后勤职工的"金葵花服务奖"，奖励学生的"金葵花成长奖"，大大激励了全校师生员工的学习和工作积极性。

——举办国际文化交流节。田园高中自2004年开始，每年举办国际文化交流节，且各有主题。每年4月的最后一个星期，每个班级选择一个国家，进行文化展示，同时邀请兄弟学校和境外友好学校学生以及往届校友一起来参加。在闭幕式的这一天里，学校彩旗招展，舞台灿烂，师生载歌载舞，展现精彩，一起狂欢！记得好几次，陆校长扮演起了各种角色，有知识老人、有西部牛仔、有帅气机长……各形象表演得惟妙惟肖，赢得满场喝彩。为了学校，为了学生，他豁出去了，愿意成为一种"道具"。

应当说，他是一个有教育理想、教育激情、教育谋略、教育艺术的校长。

与陆校长接触，更有意思的是面对面地直抒胸襟，畅谈各种话题，而这种交流，不时会激起彼此思想的碰撞和火花。

我以为，任何事情都是在时间和空间中完成的，研究时空对教育具有非凡的价值。教育，从某种意义上说，就是将空间激活，将空间扩大，将空间增值。没有空间，也就没有教育，离开空间，也就没有办学。教育的优与劣，办学的强与弱，都与对空间的认知、理解、揣摩及至探索有关。

而当我每次走进田园高中，都会产生那样的冲动，都能感受到事实上办学空间的扩大。陆校长那充满美术"画面感"的办学叙述，充满"刷屏幕"的治校展现，充满"耕耘劲"的新招迭出，不时加深我想把"办学空间学"的点子"拱手相让"的念头。

之所以向陆校长提议，一是基于我对教育、办学的理解，在办学上，对时间的使用，将检验教育的耐力，而对空间的利用，将决定教育的能量；二是基于田园高中的办学现实，实际上，田园高中的强势发展，在很大程度上就是对空间利用的到位和拓展；三是基于陆校长的开拓精神，他有一种遇难而上的韧劲。

如今，看到陆校长花了几年心血，有了"办学空间学"的专著，真为他感到高兴，也为我们教育情缘结出的成果而欣慰。我想，对这个提法的"自圆其说"，不仅需要理论功底下的创新，更需要科学探索中的实践，需要时间积淀，也需要空间拓展。近年来，田园高中集中精力致力于建设的"十大创意工作坊"，就是"办学空间学"的一种最好的实践，也丰富了"办学空间学"的内涵和外延。

作为一种探索，陆校长的"办学空间学"的专著，几乎穷尽了目前条件下学校空间的领域，从物质领域扩展到精神领域，从地域领域扩展到虚拟领域，可谓广泛涉猎，用心良苦，其中蕴含的内涵和揭示的道理耐人寻味，有些建树也许能为同类研究带来"新天地"。

教育，必须在时空中完成，这是常识。教育，需要空间，这是现实。空间，既有客观条件的稳定性的先天特征，也有主观能动的灵活性的后天发力。教育空间，这是一片值得永远开垦的教育绿洲。有心人，会把空间做成可以无限延长的，且具有时时生长的生命力，会在这块肥沃的土壤上，播下理想的种子，开出鲜艳的花朵，结出丰硕的果实，让优质教育惠泽大地，让成长空间滋润师生，这就看你的眼界、胆略和思想、方略了。

但愿陆校长的专著能在教育空间、办学空间上留有"一席之地"，并在今后的办学实践中再度垦出"一块新地"。

2017 年 9 月 17 日

前　言

走进位于上海市闵行区田园路455号的上海市田园高级中学校门，首先映入眼帘的就是右侧体育馆外墙壁上醒目的一行综艺体蓝色大字："为每一位师生创设发展的空间"。这是建校之初就镌刻在墙上的一句话，每天进出校门的师生、来访的同仁、嘉宾、家长、专家领导都会首先看到这一行文字。这句话也就成为了田园高中办学实践中各项工作的出发点和落脚点，成为学校办学的一个追求。

勤劳智慧的华夏先民在长期"日出而作日落而息"的农业生产实践中积累、总结出了无数行之有效、脍炙人口的农谚，"清明谷雨四月天，挖坑栽树到时间""白露夜寒白天热，播种冬麦好时节""麦种深，谷种浅，荞麦芝麻盖半脸""沙土花生黏土麦""麦要浇芽，菜要浇花"……简而言之，种植庄稼时要考虑播种的时节要适时，播种的地块选择要适合，播种的方式要恰当。所有的庄稼，只有在合适的时空里，才能生根发芽，然后经过育苗、拔节、开花后，最后才会结出丰硕的果实，散发出生命应有的精彩和芬芳。

同样，学校是学生主要的学习生活场所。从早上到校到傍晚离校，每周5天，每年约200天都是在学校度过。学校时空之于学生的成长、发展和进步的重要性，和田野之于植物庄稼生长的重要性相比更是有过之而无不及。

人立于天地之间，不可能脱离环境空间而生存，时间使生命有了长度，空间让生活有了宽度。而地理环境空间在地表分布上千差万别，具有不平衡性。因此，客观上存在着相对较适宜人类生存的、给人类带来幸福感的环境空间，也有相对而言比较险恶的、给人类带来不便的环境空间。适者生存，人类本能地选择、建设、创造自己喜欢的环境空间。从巢居穴处、茹毛饮血到大兴土木、三汤五割，人们依存于自然又勇于用双手创造适合自身的舒适、祥和的环境空间。这样，人们置身于赏心悦目的环境空间中，生活、生产、学习、工作、娱乐均有方便、舒适、安全之感。优美动人而富有特色的环境景观，还会使人们的心灵受到感染，精神受到鼓舞，油然而生美好的情绪与崇高的理想，并以此为精神向导，创造生活的幸福，促进事业的成功，引领光明的前途。

所以，办学中营造和谐美好的学校环境空间，把学校空间的营造当作一门学问来研究和实践，对于一名校长来说，是一件非常有意义、有价值并值得花时间和精力的重要工作。

那么空间对人的成长和发展到底有什么重大意义和现实价值呢？

1. 古今中外对空间环境的重视和研究

"蓬生麻中，不扶而直；白沙在涅，与之俱黑。"（先秦《荀子·劝学》）荀子这段话可以说是我国最早提出环境对人的成长发展产生重要影响的论说。后来的"与善人居，如入芝兰之室，久而不闻其香；与恶人居，如入鲍鱼之肆，久而不闻其臭"（南朝范晔《后汉书》）的名言、"孟母三迁"的故事以及佛教经典禅语"相由心生，心随境转"等，都说明了环境空间对人的成长发展具有重要的影响。

在国外，古希腊时代的思想家早已开始注意人与气候（环境）的关系。希波克拉底、柏拉图和亚里士多德等人都认为，人的性格和智慧由气候（环境）决定。18世纪法国启蒙运动思想家孟德斯鸠在《论法的精神》中接受了古希腊学者关于人与气候关系的思想，以"气候的威力是世界上最高威力"的观点为指导，提出应根据气候修改法律，以便使它适合气候所造成的人们的性格，这也充分说明了环境空间对人的重要影响。

马克思、恩格斯唯物史观中关于地理环境与人类社会的关系是这样描述的：地理环境决定人的物质生产活动方式，人的物质生产活动方式决定社会、政治及精神生活。换言之，环境决定了人的物质文明和精神文明。

20世纪美国行为主义的创始人、教育学心理学家约翰·布鲁德斯·华生（John Broadus Watson，1878—1958）认为，个体的心理发展是环境影响或塑造的结果，有什么样的环境就有什么样的心理和行为。这便是著名的"环境决定论"。环境决定论虽然片面夸大环境和教育在儿童心理发展上的作用，认为儿童心理发展是由环境和教育所决定的，否认遗传的作用，否认儿童心理年龄特征的作用，否认儿童的主动性和能动性，但是不可否定的是，环境对人的成长发展确实有着非常重要的影响，例如，狼孩就是典型的环境对人产生巨大影响的案例。

古今中外的政治家、哲学家、教育家、学者对于环境有如此多的深刻研究和重要见解，足以见其对人类的发展和成长的重要影响力。

2. 国家和地方教育中长期发展规划的要求

在2010年由党中央、国务院颁布的《中长期教育改革和发展规划纲要（2010—2020年）》中，有关"环境"一词共提到10次，"美育"提到3次。其中提出的"……促进德育、智育、体育、美育有机融合，提高学生综合素质，使学生成为德智体美全面发展的社会主义建设者和接班人"，以及"加强校园和周边环境治安综合治理，为师生创造安定有序、和谐融洽、充满活力的工作、学习、生活环境"的描述，充分说明了在国家层面，阐明在教育中，环境对育人作用的重要性。

《上海市中长期教育改革和发展规划纲要（2010—2020年）》中共有22次提到"环境"，"……优化育人环境。完善学校、家庭、社会'三位一体'合力育人机制，推动学校教育、家庭教育、社会教育有效衔接。推进温馨教室与和谐校园建设，优化校园人文环境和自然环境，丰富校园文化，发挥共青团、学生会、少先队等学生组织的重要作用，形成有利于学生身心发展的校园氛围。"《上海市闵行区"十二五"教育发展规划》中也 8 次提到"环境"。

从国家层面到区域教育的纲领性文件中对环境提出的要求，都充分认识到和谐美好的空间环境对人成长具有巨大影响、重要作用和现实意义。

3. 学校发展建设规划要求

田园高中历次的三年学校发展规划中都把"美育引领，建设人文绿色的幸福校园"作为学校发展的中长期目标，把"优化校园环境"作为办学规划的重要目标，并细化办学目标达成的四个方面为"环境美、校风好、特色明、质量高"，最终建成一所在本地区乃至本市范围内的和美、优质、特色高中。其中把"环境美"作为办学具体目标的第一目标，由此可以看到对于学校校园环境建设在学校发展中的重要地位。最近的一次学校三年发展规划文本中 12 次提到"环境"，20次提到"美育"，其目的就是试图通过建设"以美养性"的"和美"校园环境，来达到求真、向善、爱美的育人目的。

"和美"的校园空间环境，即"和谐、尚美"的校园空间环境之意。"和谐"是指结构的协调，是事物按照规律协调运转达到的最佳状态，它是"和美"教育的本质；"尚美"是指崇尚美好的境界，追求身心的和谐发展，它是"和美"教育的育人目标。"和美"的教育观，承认并尊重个体差异，鼓励个性的充分展现，最终实现教育对象的多元发展，创造"美人之美""和而不同""各美其美""美美与共"的和谐、美好教育境界。所以提出建设"和美"的校园空间环境，既包含物质环境的和谐优美舒适，也包含了人文环境的融洽和谐美好。

办学空间学的探索研究和实践建设，也就是从这些方面思考而得来。

陆振权

2017 年 8 月

目　录

这是一片值得永远开垦的教育绿洲 / 苏　军

第一章 办学空间学的想象维度

论及华夏文明，常言道"自盘古开天辟地到如今"，盘古开天辟地的神话故事震古铄今。巨人盘古手持斧子辟开"浑沌如鸡子"的天地，"阳清为天，阴浊为地"，于是，世间就有了天地之分。女娲捏土造人，伏羲教民渔猎，华夏先民在盘古辟开的这片广袤的天地间生存繁衍，安居乐业，生生不息。盘古开天辟地可以说是人类最早的有关空间概念。从此之后，伯夷叔齐不食周粟，介之推功成身退，诸葛亮躬耕南阳，陶渊明归隐田园，苏东坡黄州三赤，历代特立独行之士都在对空间不断地进行物质选择和伦理选择，将空间的想象维度拓展到纵横捭阖，将空间的想象张力发展出诗情画意。从孔子带领学生周游列国推广儒家学说到墨子平等博爱兼爱非攻的无穷魅力，从颜之推"威严而有慈"的家庭教育到韩愈"弟子不必不如师"的平民教育精神，从王明阳寓教于乐书院精英教育到康有为《大同书》中将学生看作是整个社会的子女，历代教育先师在想象可及的范畴内，发掘出教育空间的无尽宝藏，开启了宇宙人生的哲学思辨。于是冯友兰先生在《新原人》中将人生划分为四个层次：自然境界（本能习俗层面的自我），功利境界（一己之我），道德境界（有"公我"意识，但范围仅限于集团、阶层、民族、国家、社会等层面的道德立场），天地境界（"公我"的范围无限大，是最大的无私、最高的精神境界）。这是对空间想象维度的高度概括，也是办学空间学的重要的行动纲领之一。

一、办学空间学的定义

什么是空间？按照汉语词典的解释，空间是与时间相对的一种物质存在的客观形式，由长度、宽度、高度表现出来，是物质存在的广延性和伸张性的表现。

"当其无，有车之用。埏埴以为器，当其无，有器之用。凿户牖以为室，当其无，有室之用。故有之以为利，无之以为用。"老子对空间的论述可谓脍炙人口。对于空间的概念，基于不同的时代、不同的社会文化、不一样的哲学基础、不一样的思维方式，则有不同的解释。在数学中，空间是物与物位置差异的度量；在物理学上，空间是事物大小、质量、密度的度量；在建筑学上，空间则是建筑与环境设计的主角。古往今来，从柏拉图、亚里士多德到欧几里德、爱因斯坦，再到阿恩海姆、芦原义信等，无数学者对空间做出了精辟的论述，并提出实体空间、认知空间、抽象空间、内部空间、外部空间等概念。因此，空间除了物理上的物质空间和数学上的位置空间外，还包含有宇宙空间、网络空间、思想空间、精神空间、心理空间、虚拟空间等。

校园一角

什么是空间学？空间学相对于空间来说，是一个较新的概念。它是一门以空间为研究对象的学科，其主要任务在马克思主义空间观的指导下，研究空间的定义、性质、层次、结构、方位、特征、观念、模拟、管理和运筹的一般规律。

当今对于空间学研究的对象，不再只是传统概念上的三维空间，而是延伸到多维空间，然后从空间整体出发，立足空间发展，并重视时空转换，涉及哲学、经济学、美学、心理学、社会学、教育学、管理学、城市学、艺术、几何学、物理学、空间技术、地理学等多个学科，涵盖物与物、人与物、人与人、人与自身等范畴，其涉及领域之广、研究对象之多、视觉角度之妙，令人咋舌。而其中的办学空间学，从各个维度上将人—物、人—人、人—物—人之间的空间关系描述得淋漓尽致。

那什么是办学空间学呢？办学空间学，是在学校建设过程中，科学研究和有效利用校内外空间，创造让师生感到积极、美好、安全、放松的公共学习和生活环境，以达到和谐、尚美的育人目的的学问。

办学空间学的直接研究对象为学校环境空间，既包括实的空间，也包含虚的空间。实的空间就是学校的物质空间，包括校园建筑、道路、操场、广场、教室、办公室、走廊墙壁等看得见的空间。除此之外，还

校园建筑

有虚的空间，包括心理空间、精神空间、思想空间、网络空间等。学校的空间建设，直接影响着师生员工的发展动态、精神心态、干劲形态和生命状态。日常生活中我们常听到人们评价一所学校办学情况时会说，这所学校学习环境很好或不好，这句话中既包含了物质空间环境是洁、净、美，还是脏、乱、差，也包含了学校管理文化环境是优质还是劣质、学校师生的心理和精神状态是积极进取还是消极颓废，可以说，学校空间环境的好坏，直接影响一所学校的办学品质和发展潜力。

二、办学空间学的哲学思考

空间能改变物体的形状及其运动规律，不同的空间形成物体不同的运动规律和形态。在遗传算法中，世间万物都是空间环境的产物。如，"橘生淮南则为橘，生于淮北则为枳""近朱者赤，近墨者黑"。空间对人的影响同样显著。空间的变化能引起人的生理机能、思维方式、意念活动的改变。

日本著名建筑师芦原义信在他的名著《外部空间设计》一书中说，"空间基本上是由一个物体同感觉它的人之间产生的相互关系"，离开人而谈空间是空洞的，离开空间谈人则是片面的。人的活动是空间产生的根源，是空间的决定性因素，因为有了人的活动空间才有意义。因此空间是人活动的场所，是其活动的目的和结果。反过来，空间对身处其中的人的行为有着不可忽视的作用。正如马克思所说："人创造环境，环境也创造人。"

办学空间学的研究对象为校园的虚实多维空间，研究中心为在校师生，研究目的为教人育人。师生是办学空间的中心，而校园空间对师生具有潜移默化的作用，两者相互影响，相辅相成。这种影响，不仅表现在物理学上的空间，也表现在心理学上的空间。物理学上的空间让人的躯体赖以生存和成长，心理学上的空间让人的心灵得以栖息和抚慰。

　　每个人生存和生活都需要物理空间，不然就会窒息而亡。物理学上的空间是由确定的物质界定的，具有确定的形态，不管人们是否察觉，都是实际存在的。而心理学上的空间则是由人们对空间的感觉所形成，其形式与作为主体的人的状态密切相关。人们根据物理学上的空间选择信息，然后根据获得的信息形成心理的、精神的空间。

　　随着科学技术的发展和物质生活水平的提高，人们对精神功能的要求也在不断提高。人们逐渐认识到空间对人的道德、信仰、精神面貌、行为性格等产生重要的影响，它潜移默化地改造着人的灵魂。因此，无论物理学上的空间还是心理学上的空间，如果过于狭小或存在不足，都将影响一个人的身心正常健康发展。

　　"为每一位师生创设发展的空间"，是进入田园高中校园首先映入眼帘的一行大字。因为每一位田园人的发展成长都需要空间，学校就要努力为师生发展创设美好、舒适、积极、自由的"和美"空间。

办学理念墙

三、办学空间学的现实价值

营造怎样的空间才能实现育人价值？怎样营造现实的空间？这是空间营造中两个核心问题。

田园高中提出建设"和美"育人空间，使师生在"和美"环境中，健康、积极、主动、自由、全面地发展，成长为最好的自己！

建设"和美"育人空间环境，促进学生德智体美劳全面和谐发展，是我们学校环境育人办学理念的体现，也是我们进行办学空间学研究和实践的指导纲领。在学校空间布局和建设中，我们十分注重校园环境"和美"文化建设，竭尽所能做到了绿化、净化、香化、美化、人文化，努力让办学空间发挥育人功能，实现育人价值。

"和美"办学空间，除了物质空间建设以外，还有涉及精神空间、心理空间、思想空间、教学空间、网络空间、校外空间等其他空间维度。

校园的办学空间，不仅体现物质空间上的美化和优化，还需要其他各个维度空间建设的协同配合，才能真正实现"和美"的境界。学校各个维度空间的建设和质量，直接决定了一所学校的办学质量、办学风格、办学品位，更直接决定了这所学校师生员工的发展方向、发展品质、发展能量，办学空间对学生的成长发展具有非常重要的现实意义和品质价值。

四、为每一位师生创设发展的空间

田园高中办学伊始的 2004 年，根据未成年人的发展成长规律所需要的核心素养以及社会时代发展对个人素养的要求，结合学校特点，提出了"美育引领，和谐发展"的特色办学理念，期望通过"美育"来引领人的和谐发展，以达到国家教育方针中提出的"德、智、体、美等全面和谐发展"。所以，营造适合田园师生和谐发展的"和美"空间，成为了全校的共识，成为了学校空间建设的思想指导。

田园高中校园不大，占地只有 24 亩，近 13000 平方米建筑。麻雀虽小五脏俱全，校园空间布局合理，井井有条，呈现出精致、精巧、精美的特点，给每一位学生、家长、来校的嘉宾都留下深刻的印象。

漫步于田园高中宁静优美、精致典雅的校园内，一种惬意之情油然而生：活泼雅致的教学楼、干净整洁的校园道路、绿草茵茵的草地，四季有花香，常年都披绿。在这里，花儿争奇斗艳，招

梅花

蜜蜂引蝴蝶；在这里，草木常展生机，见证朗朗书声；在这里，瓜果依次丰收，分享收获喜悦；在这里，莘莘学子寒窗苦读，留下刻苦身影；在这里，老师兢兢业业，潜心教书育人。

在宁静祥和的校园里，还开辟出种植有 18 种植物的 18 个特色园地：代表积极灿烂的"葵花园"、代表挺拔凝志的"香樟园"、代表劲节虚心的"翠竹园"、代表宁静古朴的"银杏园"、代表香飘万里的"金桂园"、代表聪慧敏捷的"海棠园"、代表春华秋实的"桃李园"、代表情真谊洁的"红枫园"、代表自然和谐的"百果园"、代表竞相争艳的"百花园"、代表谦虚务实的"土豆园"、代表坚韧不拔的"雪松园"、代表热情真挚的"棕榈园"、代表和乐美好的"合欢园"、代表团结执著的"紫藤园"、代表傲然正气的"梅花园"、代表清新高雅的"玉兰园"、代表纯洁高尚的"樱花园"。这 18 个特色园地寄托田园人对高洁情操的赞美、对美好

生活的希冀，对积极向上的追求，对光明未来的憧憬。

整个田园校园高雅洁净的生活和学习环境空间，使学生在耳濡目染、潜移默化中陶冶情操、净化心灵、美化感受、提升境界；通过校园优美环境空间的熏陶，培养学生热爱生活、积极向上、善于学习、尊重生命、善待他人、能与自然和谐相处的良好习惯，使学生真正感受到生活的快乐、生命的美好、人生的幸福，懂得生命存在的意义和价值，从而达到环境育人的目的。

因此，在办学过程中，学校各种空间的设计和建设，都是每一位田园师生团结一致，共同参与，用责任之彩笔描绘，用关爱之砖瓦堆砌，用奉献之汗水浇灌，用细心之春雨滋润，才得以实现的。

学校要为"每一位师生创设发展的空间"，是田园高中建设伊始便决定下来的办学宗旨，这句话镶嵌在校门口的墙上，成为师生员工一进校门就醒目可见的一句话，成为学校办学过程中指导工作的办学思想、办学理念和办学准则，引导着教师的教育教学行为，立足使学生健康、积极、主动、自由、可持续地发展，建设"和美"校园空间。

校园风景

第二章　办学空间学的物质维度

　　一所学校的物质空间，是这所学校最显而易见、最容易感知的空间。不需要语言描述，不需要文字表达，不需要画笔勾绘，它能给处于其间的每一个感受者最直接的体会，学校的文化气息是好是坏，教师的精神面貌是振奋是颓废，学生的学习气氛是浓是淡，物质空间是绝不会"说谎"的呈现者。

　　校园物质空间是教育活动赖以发生的物质基础，是学校办学过程中最容易设计、建设和改造的，也是最能够直接影响每一位师生员工以及进入校园的每一个校外人员的心理、情绪、观点甚至精神心态的因素。

　　物质空间的建设，有，且只有在学校办学理念、育人思想的指导下，才能统一、协调、和谐，才能具有正向影响力。

一、校园物质空间界定

　　校园物质空间具有可见的、有形的和自然的特征，看得见摸得着。道路绿化、寸土片瓦、建筑雕塑、走廊墙壁、教室操场、宿舍食堂、运动场馆、亭台楼阁、道路广场以及校园上方的天空和外围的环境,都属于校园的物质空间。

学校的物质空间规模大小、优美程度、适用与否,都属于空间学研究的维度。学校空间作为学校文化内涵和文化底蕴的重要承载者,具有重要的育人功能。学校物质空间是一种特殊的物质文化景观,物质空间的建设是一种文化建设,物质空间的设计是一种美学设计,学校物质空间的营造和建设反映了学校的文化品位、审美水准、育人目标。

著名教育家陶行知先生曾指出:"天然环境和人格陶冶,很有密切关系。"因此,校园空间设计要顺应天然环境,结合自然景观,利用自然条件,构建生态系统,打造绿色校园、生态校园、人文校园,让师生有一个惬意、自由、美好、积极的物质空间,在这样的空间里,师生的每天都应该是自由快乐的、积极向上的、美好而幸福的。

同时,校园空间规划要注重内外部空间的交融,强调空间的交往性,通过对不同功能区的设计,诠释校园精神的正能量,反映校园文化的多元化,让师生在工作和学习之余,感受到各功能区域之间相互交融渗透,感受到设计中具有传承文化、呈现地域特色、学校人文精神、文化品位的校园特征。

绿化建设

学校物质空间积淀着巨大的信息,历史的、文化的、政治的、伦理的、道德思想的内容等无所不含,它是校园文化建设的重要组成部分,在培养人才的过程中所呈现出的教育功能、示范功能、凝聚功能、创造功能、熏陶功能等，为学生形成良好的心理品格与正确的价值观念奠定了坚实的基础，为教师保持轻松愉悦、积极向上的心态和无限的创新思维提供了美好的环境。师生身处其中，在感知、领略、品味、享受的同时，通过自身的理解，对其所蕴含的信息进行选择性吸收，从而获得轻松的学习体验、崭新的知识经验和精神的建构。校园物质空间建设不仅丰富了师生的课余生活，提高了师生的文化素质，增长了知识，锻炼了才干，拓展了师生的文化视野，也使学生在奋发向上的氛围中锻炼自己的创造性，提升自己的品性。

随着校园物质文化的建设与发展，其校园文化的传播价值、美育价值、道德认同性价值、知识性价值、社会性价值将会被越来越多的校长、教育工作者、专家等有识之士认可与肯定。

二、田园物质空间建设

田园高中的物质空间建设，是以办学理念"美育引领　和谐发展"作为指导思想，突出"美育"和"和谐"特征，也即"和美"的物质环境，达到"和美环境育人"的目的。

1. 校园外围空间

校园的外围空间，包含了校园外围的区域、地段、道路、围墙等空间。有的学校外围空间是热闹的商业区，有的学校外围空间是美丽的公园风景区，有的学

校园环境

校外围是广阔的静静的农田区，这些校园外围的不同空间环境，对办学来说，都是有着不一样的影响力的。作为办学者，就要善于运用校外空间，结合学校特色办学，使校内校外环境有机融合，达到环境育人最大化效果。

（1）美好空间从田园路开始

"上海市田园高级中学"因田园路而得名。田园路是田园高中校园外围道路，与田园高中校舍同年建成，可谓田园高中的成长见证者、相伴者。

田园路两旁的法国梧桐树，是2003年随着学校和道路的建成而栽种的。恍恍14年，当时的小树苗随着时间的流逝、岁月的积淀，和田园高中一同成长，如今已经是绿荫如盖的大树，真实体现了"十年树木、百年树人"这句名言的内涵特征。

因为田园路属于非机动车的道路，所以格外幽静整洁。行人甫入田园路，宁静安谧之感扑面而来，瞬间可让繁乱的心绪气定神和。秋叶静美，夏花灿烂，不同季节里，可以欣赏到田园路上别样的风景。

一年四季变幻多姿不断成长的田园路上的法国梧桐树

阳春三月，法国梧桐树点点新芽，绿意盎然，充满生机；七月流火，法国梧桐树树荫蔽日，阴凉爽快；静美的秋天，法国梧桐树披上金黄外衣，辉煌灿烂，让人心动不已；凛冽的冬日，寒风阵阵袭来，虽无冠交华盖，但枝桠繁盛交错，冬日的暖阳直接洒到行人身上，融融的温暖消融寒意，让人心生舒坦暖意。

每天清晨，田园路上熙熙攘攘的人群里，是学生，是老师，是家长，他们爽朗的笑语让田园路生动活泼，充满灵动；正午时光，田园园丁结伴而行，三三两两散步行走在田园路上，享受美好、放松、惬意的闲暇，交流工作生活的点滴，和谐美好；傍晚时分，望子成龙望女成凤的家长早早等在田园路，翘首盼望着校门，相互间交谈育儿心得、生活琐事，随时准备着迎接放学回家的儿女，温馨甜蜜。田园路每天演绎着人世间最美好的父母与儿女的情义故事。而田园路上的法国梧桐树，就在一年年成长的过程中，见证着田园学子们日渐成长成熟的身影。

学校毗邻的还有一条绿化带和两个居民小区。绿化带是上海市区到奉贤、金山的高速公路——莘奉金高速绿化隔离带。两个小区分别是"剑桥景苑"和"花好月圆"，也都是两个环境非常优美的小区，同时也和田园有着一样美好意境、诗意般的名字和实景，和学校可谓相得益彰。田园路、绿化带和居民小区等，自然和谐有机地构成了田园高中安静、整洁、幽雅的学习外围空间。

值得一提的是，田园高中门牌号是"田园路455号"。自2016年的学校国际文化交流节活动起，学生把学校比喻成一架可以载着他们飞向国内外理想大学继续深造的飞机航班，这个航班号被昵称为"田园455号"，校长被称为"机长"，学校的老师被昵称为爱岗敬业的"机组人员"。学生富有创意、富有寓意的想象力，对学校由衷的热爱之情，可见一斑。

（2）校园围墙空间

学校的围墙属于校园墙壁文化的一部分，是学校物质文明和精神文明的具体体现，是一所学校独特的精神风貌。

学校围墙从形式到内容都力求美的体现，或雕塑化、图像化、园艺化；或苏州园林式、四合院式、西式；或开放式、半开放式、完全封闭式；或辟为学习板块、生活板块、休闲板块、运动板块、留言板块……办学者把围墙文化视为一种有生命的朋友，让围墙"说话"，利用学校围墙空间去陶冶感染学生，组成一幅有"线条的画"，谱写一首"无声的诗"，融知识性、教育性、艺术性、安全性于一体，达到"润物无声"的教育目的。

田园高中的围墙是半开放式，以砖墙为基础的铁艺围墙，既可透过围墙观赏校园内部环境布局，也为师生划出一道防止社会人员随意进入校园的防护安全线。同时，围墙也是宣传国家教育方针、地方教育要求、学校办学理念的一个空间。学校每年以不同的主题，填充不同的文化内容，制作成版面，利用围墙空间，宣传育人理念和办学实践。此外，人人要背诵记住的24字"社会主义核心价值观"、创建全国文明城区的宣传、创建上海市文明单位要求等往往也会成为"墙上宾"，在学生、家长上学和放学时，可以潜移默化起到宣传和教化作用。

学校围墙

2. 校园第一空间

（1）校门——开启校园空间之门

学校作为教书育人的文化殿堂，无论是校园建筑还是校园环境都处处体现为育人而造的理念。校园大门作为学校的门户，是校园轴线的起点，也是学校建筑群体和建筑环境的序幕和点缀，它对整个校园的特征和风格、对校园总体环境的形成起着举足轻重的作用。

清华大学校门

从中小学到高等院校，各个学校校门所折射出的人文精神和文化内涵，是校园校门设计的共性，而其自身的功能和环境特点，又是个性的体现。比如清华大学、北京大学、复旦大学、上海交通大学、哈佛大学、耶鲁大学、

上海交通大学校门

牛津大学、剑桥大学等，学校因校门而深深印入人们的脑海，校门因学校的实力而凸显其独特的个性价值。学校校门的设计往往包含了一所学校的特色办学理念、培养目标、传统文化继承、地域民族特点、社会担当等因素。

牛津大学校门

哈佛大学校门

田园高中的校门是学校"和美"空间建设的第一印象。在建校之初，可能因为赶工期或者因为没有确定办学定位和办学特色，校门的设计过于单调。10年后，随着学校办学理念、办学特色的逐渐清晰鲜明，为了适合学校"美育创意特色"的内涵，经过行政会议商量，

2003 年建校初期田园的校门

2017 年设计的田园校门效果图

学校上下一致决定改造校门，让学校的特色办学理念在校门上就有所体现。

新校门的设计方案是通过全校征集、经过全校师生投票产生的。新校门设计的理念和学校办学的理念非常吻合：一方面，仿照凯旋门的拱形门洞，预示田园学子从田园启程走向人生的成功，同时田园母校也时时刻刻在等待田园学子的学成凯旋，分享成功的喜悦；另一方面，背景门墙由不同绿色"田"字格组成，其中每一种颜色代表一种植物，预示不同个性的田园学生，在田园高中有适合他们个性充分发展的空间，可以尽情发挥自己的潜能特长，多元发展，持续进步，健康成长，可以看最好的别人，做最好的自己。这同时也传递了田园高中尊重学生个性发展，"有教无类"而又"因材施教"的教育理念。

（2）为每一位师生创设发展的空间

穿过校门走进校园，首先映入眼帘的是右手边体育馆外墙壁上的一行蓝色综艺体大字："为每一位师生创设发展的空间"，这行字在建校之初就镌刻在体育馆墙面上，成为田园高中的办学宗旨，是学校一切工作的出发点和落脚点。其中包含了一种拳拳的情怀：只要有利于师生发展的，学校就应该积极想办法建设和提供空间、时间和条件，让师生在田园校园的时空里，能够发现潜能、激发潜能、成就潜能、走向成功，为成为最好的自己打下良好的基础。这句话不但是田园高中的办学理念，更是学校在工作实践中实实在在要体现并做到的，这也最终成为了撰写《办学空间学》一书的一个初心缘由。

建校开始的 2003 年，田园就承担了上海市二期课改的试验基地项目，先行先试上海市的课改项目。根据课改要求，在三类课程的实施上，我们全部做到开足开齐，为此除了基础性课程中拓展部分需要空间外，更重要的是拓展型课程和研究型课程，对学校空间的要求远远大于传统办学。

我们相继建设了美术、音乐、体育、舞蹈、科技、劳技、心理等各类专用教室，生物、物理、化学实验室和图书馆向学生全天候开放，电脑房、语音室、远程教室等都可以随时供学生拓展课学习和研究性学习。

2014 年，国家让上海和浙江两地进行高考改革的试验探索。高中升入大学的高考，从原来的高考学科"三加一"一次性考试，改革成"两依据一参考"来录取学生，高考学科改成"三加三"加综合素质评价，改变了"一考定终身"和"分分计较"的单一录取模式。面对高考改革，注重学生自主选择、多元发展，注重学生能力和知识并重，重视过程和方法结合，情感态度价值观等核心素养的培养，随之"走班制""学分制""等第制"等应运而生。由于政治、历史、地理、物理、化学、生物六门功课采取了"三加三"科目的自主选择，20 种组合几乎都有学生选择，限于时间、空间、师资的限制，我们有的科目选择略做指导性宣传，

"为每一位师生创设发展的空间"墙面（夏景和冬景）

使报考了统一学科考试的学生尽可能在一起上课。而同一时间内，总会有安排到没课的学生，他们的学习时空成为了学校必须考虑的内容。于是，我们努力挖掘空间余地，在有限的校园空间内，通过改造、创意、利用等方式，开发了很多能够供师生随时可以自主学习、相互研讨的空间。

教师的进一步持续发展是学校持续良性发展的核心竞争力，是学生个性发展的有力保障。为教师的发展创造条件和空间是学校建设过程中毋庸置疑的重要内容。为此，针对各个层面和年龄段的教师，学校提供不同的学习平台。每个学期坚持教研组同课异构的教学公开课，中高级教师的研讨课，教学骨干的展示课，教学新锐的创意课，青年教师技能大赛，年轻教师与七宝高中的名师结对，校内骨干教师与学科教师的共同体结对，各种友好学校的有效交流，国内国外的专题培训等活动都促进了教师们新的教学理念的形成和教学水平的提高。丰富的教师娱乐活动空间，也让教师们的审美和艺术品味潜滋暗长。海纳百川、有容乃大、爱岗敬业、有内涵有创意是田园教师的气度和修养。

3. 校园道路空间

校园道路不仅具有交通的功能，同时也是校园中亲切宜人的空间，提供一个学生之间、师生之间交往活动的场所。它包含着学校老师对学生的期待，包含着学校对美化环境的构想。有的学校以富有含义的路名来命名道路，比如上海市七宝中学用学子路、院士路、勤学路、求实路、臻美路等命名校内道路；有的学校在道路两旁种植能体现学校办学、育人理念的行道树；有的学校以道路划

行道树（银杏，秋）

校内道路（桂花，秋）

分学校功能区域。

田园高中根据自身特点，选择了与自己办学特色、育人理念、培养目标相关联的道路设计方案。

（1）行道树空间

田园高中选择法国梧桐树、香樟树、樱花树、桂花树、冬青树等作为行道树，并且以香樟树为主，环绕校园围墙一周。"常绿不拘秋夏冬，问风不逊桂花香"，香樟树是四季常绿的树种，枝叶茂密，隐有清香，是优良的绿化树，它塑造了常年绿树成荫的青青校园环境，彰显了校园的勃勃生机和活力。然而，校园内主干道的行道树，我们选择的却是法国梧桐树。

主干道为何选择法国梧桐树而不是香樟树呢？这主要基于如下考虑：

香樟树为常绿乔木，几乎没有体现出春夏秋冬的特征。伞状树荫虽然能在炎炎夏日遮荫避凉，但是到了冬天，同样也将温暖的阳光拒之树下，行人走过树荫，阴郁寒冷之感无处可逃。而法国梧桐树四季分明，春天树叶苍翠欲滴，夏天树叶浓密张扬，秋天树叶金黄灿烂，冬天树叶飘零瑟瑟。它的季节特点，几乎就是人生的发展特征：春天的它就像青少年，勃勃生机、充满活力；夏天的它犹如青

校内树木（樱花，春）

校内树木（初春）

校内果园

壮年，年富力强，浑厚张扬；秋天的它就像中年人，成熟稳重，灿烂辉煌；冬天的它就像老年人，尽管鸡肤鹤发，也展现出夕阳无限好的绚烂。法国梧桐树的四季变化，令人不禁为之动容、难忘而留恋。在夏花灿烂秋叶静美之间，时刻警醒青年学子岁月匆匆，时不我待，逝者如斯，不舍昼夜，应该趁着青春时光挥洒舞动黄金般的生命，莫等闲，白了少年头，空悲切。

家有法国梧桐树，引来金凤凰！田园师生每天在树下行走，除了能够清晰感受到一年四季分明的变化，体会它四季之美，还能引发许多对人生的思考、对生活的珍惜和对未来美好的憧憬。

行道树法国梧桐（夏）

行道树法国梧桐（秋）

行道树法国梧桐（冬）

（2）海报、招贴栏

海报是一种信息传递的艺术，是一种大众化的宣传工具，具有复制性、传播性、通知性，或贴在街头墙上，或挂在橱窗走廊，以其醒目的画面吸引路人的注意。在学校里，海报作为校园文化、校园精神的传播载体，为学生提供丰富

海报栏 -1

多彩的文化活动，是学生学习、生活、娱乐必不可少的一部分，对学生的发展起着潜移默化的作用，同时也是学生展现设计才华的一个空间。

校园海报常结合学校工作，用于学校的文体活动、节日演出、学术报告、方针政策、价值观念、竞赛游戏等的宣传，其主题丰富多彩，插图精美鲜艳，内容简洁明了，布局美观大方，使人一目了然、过目不忘。因此，校园海报不仅可以向学生传递先进文化，还具有美化校园环境的作用。

每当学校有活动，学校创意设计工作坊的同学们和团学联的学生干部们积极配合，写策划，出方案，设计海报，张贴宣传。在长期的生活实践中，他们发现前往田园食堂的路上、体育馆外墙，是每天师生就餐必经之路，在此张贴海报不仅能有"广而告之"的宣传效果，而且较为集中的张贴位置，有利于海报的张贴和去除工作，避免了海报不及时处理随风飘零掉落，从而影响校园整洁和优美。

海报栏 -2

经过师生群策群力，商量研讨，最终采用防腐木并排的方式，每根防腐木之间留以 3 厘米的间隙，隔空窗玻璃 12 厘米，制作成广告长廊底板，固定在体育馆外墙上。这样，既可以贴海报，馆内又能透光和透气，并能保证每一位师生和来访嘉宾都能明显看到宣传海报，又不至于影响学校优美整洁的环境，一举多得。值得一提的是，除了日常展示功能之外，体育馆外墙展板每年还有一个固定功能：展示四季诗词飞花令，师生海选季节特征鲜明的古典诗词，制成图文并茂的飞花令展板，在每个季节到来之初，把握时光律动的节拍，翻开岁月婆娑的书页。"红豆生南国，春来发几枝""接天莲叶无穷碧，映日荷花别样红""自古逢秋悲寂寥，我言秋日胜春朝""忽如一夜春风来，千树万树梨花开"……这些优美的诗篇，在课堂空间之外，日日呈现，时时相亲，连接着中华传统经典文化的血脉，呼应着校园桃李的芬芳、丹桂的馥郁、松柏的长青、法国梧桐的枯荣，传递着美的感悟和生命的哲思。

4. 走廊空间

学校建筑中，走廊是贯穿学生活动地点转换的必然空间。走廊空间的有效利用，对于学校空间育人来说，也能起到潜移默化、耳濡目染的作用。走廊空间首要因素是要开阔，保证安全；其次走廊两边的墙壁是非常重要的教育资源空间。试想，如果一位学生或者老师的先进事迹或者是优秀作品挂在墙上，能让不时经过的师生、访客看到，他的心里是何等光荣和自豪！为此，精心设计走廊空间，成为田园办学的一个重要工作。

经典画廊 -3

（1）经典画廊

田园的教学楼是个"回"字形结构。走进田园教学楼底楼，仿佛走进了一个艺术宫殿。椭圆形的大厅墙面上中外名画琳琅满目，结合大厅里大卫雕塑等仿真艺术品，在灯光映照下，栩栩如生，充满了艺术气氛，再配以小桥流水，锦鱼游弋，喷泉石山，清新脱俗之感油然而生。移步换景，进入了一个经典的艺术画廊，顿时让人赏心悦目，流连忘返。

画廊进门右侧，是西方部分名画仿真印刷品，分别有列奥纳多·达芬奇的《蒙娜丽莎》、德拉克罗瓦的《自由引导人民前进》、梵高的《向日葵》、米勒的《拾穗者》、夏尔丹的《带烟斗的静物》等；左侧则是王羲之的书法《兰亭集序》、张择端的《清明上河图》、韩滉的《五牛图》、齐白石的《虾》、徐悲鸿的《奔马》、顾闳中的《韩熙载夜宴图》等仿真品。其中，《蒙娜丽莎》是进入教学楼的第一幅画，它如一位慈祥的母亲，以她温润如玉的微笑，宁静、端庄、淡定、平和的神态，每天注视着来来往往的田园学子，见证着他们不断进步成长，走向成熟。在毕业学生的回忆母校文章里，他们写到：三年里，每天进入教学大楼，"蒙娜丽莎"总是微笑着注视我，让我感受到鼓励、温暖、亲切、美好，陪伴我愉快、自信、欢乐、幸福地度过了在别人看来紧张、压抑、单调的三年高中生活。

经典画廊－1

根据经典画廊上的中外世界名画及其介绍，我亲自编辑了《中外百幅名画赏析》校本教材，供每位学生阅读了解，理解赏析。美好的环境，给学生的三年高中生活以美的欣赏、美的感悟、美的熏陶，更影响着他们未来追求真善美的心灵。

二楼以上的各层走廊，悬挂的书画作品全部出自学校师生之手。这样设计的目的，是先让学生在底楼艺术经典走廊感受国内外经典名画，学会认识名画，打开学生欣赏艺术的眼界，理解经典艺术作品的精彩之处，懂得名画之所以成为名画的历史渊源。当眼界高了，艺术基础具备了，手上的绘画功夫也随之进步。这就是艺术上俗称的"眼高手低"，艺无止境。在学习过程中，尤其是学习艺术的过程中，"眼高手低"不再是一个贬义词，而是艺术水平提升的必然规律，只有眼高，才会手高！

（2）荣誉长廊

我们常常听到这样一句话：为荣誉而战！说明荣誉对于一个人的重要性。学校每年都有各类人员获得各类奖项，为了充分发挥荣誉应有的激励榜样作用，学校建立了荣誉长廊。

田园高中设立有"金葵花"慈善教育奖励基金，在每年10月评出金葵花教育奖、金葵花服务奖、金葵花成长奖，分别奖励教师、职工和学

荣誉墙

生，获奖师生员工的先进事迹、颁奖词和照片都张贴在荣誉长廊上。此外，获得市区园丁奖、优秀共产党员、优秀学生、阳光少年等荣誉称号师生的个人事迹和照片也会在走廊墙面宣传，广而告之，成为学校师生学习的榜样、思齐的楷模。

我的教育理想

在行政楼二楼的走廊里，还有一个独特的宣传墙面，那就是每一位田园教职员工的教育理想墙。从2004年开始，每年都举办"我的教育理想"征文活动，除了全体教师、行政人员外，厨师、司机、仓库保管员、校工等每一位在田园高中工作的人员都写下自己的教育理想，或理想中的教育。

很多老师写的教育理想非常精彩："做一名学生崇拜的老师，教一批自己崇拜的学生"；"不把复杂的知识讲简单了，更不把简单的知识讲复杂了"；"在我的教育的田园里，每株植物都有生长空间，帮助他长成最好的自己！"……

我相信在理想的指引下，老师的教育教学行为会更有方向、更有目标，它是心中的理想追求，是对自我的期望，它也必将会越来越接近现实，最后心想事成。

（3）传统文化长廊

康德说"教育的目的就是人"，简而言之就是育人，而这里的"人"是立足于中华大地的优秀中华儿女，他们的优秀品质顶天立地，民族基因代代相传。学校教育是为着培养具有中国心的现代文明人，长江长城，黄山黄河，在我心中重千斤；无论何时无论何地，心中一样亲。故此，校园空间应该渗透有中华传统文化教育。

我校一楼多功能厅到图书馆二十多米的长廊上，经常时空转换，斗转星移之间展示我国历代传统文化，砖墙有了锦心绣口，成了无声的讲师。它时而介绍诸子百家的哲学思想和理论著作，时而介绍中国传统节日的来历和风土民俗，时而介绍二十四节气与天气节令的变化，以及不误农时的传统耕作方式，时而阐述中国历史朝代更替，合久必分分久必合的谱系与规律，时而呈现四大名著著名人物的个性特征与命运沉浮。黄梅戏《天仙配》中的老槐荫树开口说话，与七仙女和董永做媒为证，成就一段佳话。学校的一草一木、一砖一瓦也会开口说话，将现代青年与传统经典相互引荐，成就一段教育佳话。每当黄昏，夕阳余晖透过走廊披拂的窗幔照在长廊之上，落日照射，仿佛江山变幻，顷刻万状，令人拍手叫绝不已。

走廊空间——书法展示廊

（4）摄影走廊

田园高中有一个摄影创意工作坊，集结了一批摄影爱好者。他们有一双敏锐的发现美的眼睛，更有捕捉美、表现美的能力。这些有创意、有美感、有启示的摄影作品需要一个空间来展示。自然而然地，学校的上下楼梯的墙面走廊成为了摄影爱好者摄影作品的展示平台，一批批摄影佳作轮流展览，给人带来美的享受，启迪着更多的人勇于发现美、勇于展现美、勇于追求美、勇于创造美，享受美好的人生。

摄影走廊

（5）班级文化展示栏

班级文化是班级师生在学习、工作、生活中所构成的具有思想内涵和文化特征的班级形象和思想行为方式，包括班级公约、班级目标、班主任的管理理念、学生的个性特长展示、班级获奖荣誉展示等。一般学校里，班级文化都局限在教室里展示，供本班级同学了解，而田园高中另辟蹊径，在每个班级门口建立班级文化展

班级文化展示栏

示栏，使班级文化向外开放展示，学生获奖的消息、学生的理想大学、人生目标等在和他人分享的同时，也激励和鞭策着自己。文化展示栏

一般每学期开学更换一次，也会不定期更换新的内容。这也成为了田园办学空间中与众不同之处。

（6）走廊衣帽柜

走廊衣帽柜

田园高中和普通公办高中不一样的一个空间，就是每个教室门口设有一排柜子。教室外为何要设柜子呢？

众所周知，校服是一个学校校园文化的重要组成部分，在保证学生安全、树立学校形象、培养良好校风、加强课堂纪律、减少同伴压力、排除干扰学习因素等方面具有积极意义。公办学校一般都规定学生在校期间要穿着校服。但是公办学校肥大的运动服式校服频频引发学生吐槽，应付学校检查的穿着方式也几乎成为了公办学校普遍存在的诟病。相反，民办学校或者国际学校的正装校服漂亮耐看，穿在身上精气神俱佳，并且学校配备有衣帽间以便学生更换运动服。

田园高中作为"美育引领"的学校，理应让学生外表优美、内心自信，理应让学生穿着喜欢的美丽正装校服来到学校，于是，学校向国际学校一样要求，规定学生上学和放学需穿着正装，在校期间，可以穿着运动服装。2016年，经过行政会议讨论，暑假期间学校自筹资金，在每一个教室门口安装了衣帽柜。衣帽柜分上下两层，上层可以放运动服，下层可以放运动鞋。

就这样，校服在田园高中这所公办学校中，成为鲜明靓丽的校园文化，展现出公办高中学生应有的朝气、大气、活力、神采。

5. 屋顶空间

田园校园面积不大，空间相对不足，所以时时处处考虑的是要物尽其用。学校利用现成的两个200平方米左右的屋顶空间，将其改造成了清新美丽的屋顶花园。

在改造工作中，先将这两个屋顶空间进行了区域布局，运泥土，种绿植，铺木板，植人工草坪，添休闲椅和桌子，做雨篷……这样就建成了一个雅致的屋顶花园。更重要的是师生在课余时间，有了一个可以娱乐、休闲、自学、交谈、静思的空间，同时可以欣赏一年四季的植物变化。

花园内四季的鲜花盛开：春天里有虞美人、绒绣球、月季花等，春花烂漫；夏日里不仅有热情奔放的向日葵，还有种满睡莲的四只大水缸，小鱼游弋潜底，构成了一幅清逸的夏荷游鱼图；秋天各色各样的菊花，凌霜傲雪，艳丽夺目；冬天里龙口花等迎着寒冬，倔强地盛开红色的花朵，让人禁不住赞叹。有老师有感而发：有竹数丛，参差披拂；有花两畦，吐蕊争春；游鱼细石，玉泉淙淙。达到了"初阳抚梢，楼阁若益青葱多文；微岚流响，书声若益琮琤成韵"的境地。

三楼屋顶原貌

一年四季，这里成为了师生们最喜欢的相聚之地。没人来打扰，只有天地和自己浑然一体，感受周围四季变化，体验春秋寒暑交替。特别是考试期间，很多学生喜欢在屋顶花园复习，或站立，或盘腿而坐，或独处，或

三楼屋顶花园

三五成群，认真研讨，积极备考，成为田园一道亮丽的风景。许多老师和家长感动于这里的书香风景独好，纷纷引用顾成的诗在微信里转发田园学生在屋顶学习的图片："草在结它的种子，风在摇它的叶子。我们站着，不说话，就十分美好……"

为了纪念屋顶花园的落成，我以《和畅园记》短文给花园作了注解和命名，并刻于木板上，挂在了门口的墙壁上，以作留念。

五楼屋顶原貌

五楼屋顶花园

【附录】

和畅园记

陆振权

田园隐于都市，校以美为训，期以美化人，达臻美至善。

丙申孟春，乃此植被修园，借势成景。师生可仰观宇宙之大，可俯察品类之盛。天地存，万物育，思想无限，行止有度，则有所得益，和美悦福。

惠风吹过，温和舒畅，遂名和畅园。

6. 教室空间

"铁打的学校流水的教室"，除了一个明确的期限规定变换（一般为一年），教室可谓是一个缩微版的学校，具备学校的一切结构与功能。教室，是老师和学生每天生活学习在其中时间最长的学校空间，所以，

教室空间

教室空间文化对师生潜移默化影响是非常直接具体的，作用也是显而易见的。在温馨教室、和谐班级的创建活动中，可以营造良好的育人氛围。

（1）班级公约

教室是教师"传道、授业、解惑"的地方，是学生接受知识、培养能力、学会思考、体验情感、形成情感和价值观的主阵地。一个充满温暖、温馨、令人心怡又能催人奋进的学习环境是每一位师生的共同追求。

那么，良好的环境氛围如何营造？为此，学校组织各班开展了大讨论，大家一致主张：营造良好的氛围，一是班级环境要美观和谐，教室布置既大方得体又体现班级特色文化，桌椅摆放整齐，环境干净整洁，每天早上书声朗朗，读书学习心旷神怡，中午同学们在教室里安静休息；二是要构建和谐的人际关系，同学之间相互友爱，相互帮助，相互尊重；三是班级成员各尽其能、各得其所，班级群体中有着良好的沟通气氛，大家在班级中感到很融洽、很安全、很幸福。

后来，各班级根据讨论结果以及本班实际，都分别制订了《班级公

约》，来共同营造和爱护良好的学习环境，并以遵守共同制订的公约来规范自己的言行，美好自己的心灵。

【附】

某届高一（3）班班级公约

我们必须规范自己的行为，锤炼坚强的意志，提高自身的修养，尽力做最好的自己，创最好的集体，共建一个和谐温暖的大家庭，特制定如下班级公约：

1. 时到校，不迟到，不早退，不无故旷课，做好课前准备工作。

2. 上课专心听讲，勤于思考，勇于发表自己的见解，积极回答老师的提问。

3. 认真预习复习，按时高质量完成各项作业，合理安排课余生活。

4. 作业不得抄袭，必须认真，态度端正，及时上交和订正。

5. 做好值日和大扫除工作。值日生每天要把班级打扫干净及关灯、关窗、关门。

6. 生活俭朴，讲究卫生，爱护公物，不在黑板、墙壁、课桌上等处乱涂乱画。

7. 积极参加各种有益的课外活动，努力使自己得到全面发展。

8. 服从班委干部的合理任务分派和组织纪律管理。

9. 所有同学应该穿整套校服，团员佩戴团徽。

10. 尊敬师长，礼貌待人，团结同学，协作创新。

高一（3）班全体学生

（2）教室荣誉墙

教室，不仅仅是一个学习的空间，还是一个潜移默化的文化熏陶的空间。它在构建过程中，因师生的意志而拥有自己的使命、愿景和价值观，也拥有自己的命名、象征标志、英雄榜样。如何让班级中的英雄和榜样、成绩和成功形成榜样激励，培养集体荣誉感？这需要一个相应的空间来体现。因此，在田园的每个教室里，设计有一面用软木和丝绒组成的荣誉墙，成为班级文化中独特的风景线。

教室空间——荣誉墙

（3）讲台

讲台是教室中最核心、最显眼的构成。讲台上有教师奉献的身影，知识从这里向学生输送；讲台上有学生演算的身影，知识在这里被消化吸收。"讲台方寸窄，黑板丈余长"，然而，田园高中教室里的讲台有着与众不同之处。

田园教室中，黑板前有一个放置讲台的垫高区域，老师讲课需要踏上一步；讲台的位置不在教室正中，而是偏在教室的靠窗一边。之所以要做一个踏步，一是黑板的高度要适当，能让在座的所有学生都不被阻挡视线，所以教师板书的高度相应抬高；二是当教师踏步走上讲台时，心理上会产生一种言传身教的使命感，一种师道尊严的神圣感，一份为民教子、为国育人的责任感。当然在教学过程中，教师也要不断走下讲台，走到学生中间辅导答疑，与学生打成一片。

而讲台放在一侧，则是为了不挡住正中间的电视屏幕。多媒体教学早已普及，教师使用 PPT 课件教学早已司空见惯，一般学校的电视机都悬挂在墙角高处，由于角度的关系，最前

教室空间—讲台

教室空间——后排柜子　　　　　教室空间——后排桌子

面的远离电视机的学生往往看不清楚。田园讲台的空间布局位置，在一定程度上谋学生之所想，利学生之所便。

（4）教室后面的桌子和柜子

在田园高中每个教室后面都有一张桌子。那是在自修课或者中午傍晚等时间，教师到教室给学生个别辅导答疑、面批作业用的，也可以成为学生上交作业的地方。同时，自2005年开始，学校实行推门听课制度，即每位教师每周必须听课一节以上，并做好听课记录和网上评课，旨在鼓励教师间相互学习，相互切磋，研讨教学。这样，教室后面的桌子就成为听课时的座位。

而教室后面的一排柜子，则是学生们用来放置书本、学习用品和私人物品的。原先，学生的学习物品零散地堆放在窗台底下的柜子里，柜子没有门，长期灰尘堆积，环境脏乱差，整理起来很费劲，成为教室的卫生死角。现在教室后面的收纳柜避免了学习物品零散堆放，学生整理自己的用品时井井有条，也培养了严谨细致的学习生活习惯，而教室窗台变成图书角，在班级盆栽植物的掩映之下，成为一道书香四溢、绿色生机的风景。

7.活动空间

学校学生活动的空间，一般是指除了教室学习空间以外的所有空间，主要包括运动空间、表演空间、艺术空间、科技空间、阅读空间、娱乐空间、就餐空间等。

田园高中空间随处可见的桌椅

（1）田园小剧场

"心有多大，舞台就有多大""要为学校的师生搭建发展的舞台""为师生和学校发展搭建最好的大舞台"等口号不难在各校的发展纲领中出现。我认为，这不应该是一句虚话，而是要实实在在地搭建一个物理空间意义上的舞台，供师生展示才华，显露精彩。

田园高中原本没有小剧场，只有一个阶梯教室。阶梯教室最前面是一个讲台，墙上四块可以上下移动的黑板，教师用来进行年级上文化大课或开设讲座或召开会议。尽管有近300个座位，但是根本无法表演节目，利用率也较低。而学校年级组的很多学生活动，比如学生课本剧表演、学生社团展示、卡拉OK大赛、服装设计展示，以及颁奖典礼、毕业典礼等，都需要有一个场地、一个舞台供学生表演节目、展露才华、精彩亮相。于是，2006年暑假，乘暑期校舍维修之际，我们利用学校维修经费把它改造成一个简易的舞台，从此年级

田园小剧场

文艺活动、学校社团展示、迎新汇演、歌手大赛等都在舞台上得以展现，让学生拥有了一方展示才华的舞台。

随着学校办学的发展，课本剧和戏剧教育渐渐成为了学校办学特色亮点。每年的年级课本剧展演、学校的戏剧展演，简易舞台渐渐不能适应学校课程的发展，不能满足学生日益精彩的表演需求。于是，在2013年校庆10周年之际，学校向区教育局申请了专项经费130万元，从吊顶、墙壁隔音板处理、座位、舞台音响、灯光、中央空调、大屏幕投影、转播系统、调控系统等全方位对舞台进行了改造，并通过移除最前面一排座位、拆除连接舞台与后台的一堵墙以增加舞台的面积，再利用后面阳台重建了后台。这样，阶梯教室华丽转身，成为了学校设备精良、设施完善的小剧场。从此，无论是拓展型课程的教师讲课、专家报告，还是年级大会、学生才艺展示、放映电影、表彰大会、专业艺术团队来校演出、校内外戏剧团体在校表演等，都可以在田园剧场的舞台上呈现，成为了学校课外活动利用率最高的空间。在这个舞台上，学生中的戏剧

阅读空间 -1

表演达人、歌唱达人、服装设计达人、微电影达人、科技达人、学习达人、课题研究达人等层出不穷，学生精彩表演、个性亮相惊喜不断。

（2）阅读空间

随着现代科技的飞速发展，手机、Ipad的数字化阅读已经成为了一种时尚化的普遍现象。但是如果真正静静地享受阅读之美，还是要有一个适合的物理阅读空间，安静、心定，随着纸质书页的翻动，人的心灵、思想、情感会全部投入书籍之中，那是一种无比美好的境

阅读空间-2

地。所以，对于一所学校来说，图书馆的阅读空间建设事关重大。

管理落后、环境嘈杂的学校图书馆往往不能引起师生的兴趣。反观，市场化的休闲书店却座无虚席。原因在于，现代化管理经营的书店开辟功能化阅读区域，台灯的暖光、舒适的书桌、轻妙的背景音乐、幽香的茗茶、醇厚的咖啡与整体的环境融为一体，读者置身其中，心境澄净而安定，感觉温馨而美好，捧着书、读着文，人书合二为一，让感情得到安静的依托，灵魂得到精神的安抚。

就这样，学校图书馆与时俱进，向书房的定位靠近，增设吊顶，增加开放书架，添了灯光，铺了地毯，安置了沙发，补加了书桌，那些束之高阁的各类图书也被请出了深

阅读空间-3

苑，一一按类别摆放在书架上，供师生阅读。为了提高学生的阅读兴趣，学校开通了借阅系统，把没看完的书可以借走，也可以第二天来图书馆继续阅读。图书馆渐渐成为了田园师生最愿意光顾的地方之一。

学校图书馆也被誉为没有围墙的学校。如何让整个学校成为一个开放的图书馆，成为一个可以随时随地阅读学习的空间？如何让学生在这样的空间中把阅读当成一种习惯，心有所想便能成行？这是在学校阅读空间建设过程中们思考较多的一个问题。为此，学校在走廊、教师办公室门口等空间区域，放置有小小的简易书架和舒适的桌椅，供师生随时可坐下来，翻阅书籍或带走阅读。

为了充分发挥图书教育的功能，扩大学校开放式阅读空间的藏书量，学校积极鼓励师生捐献书籍，成为"漂流"的图书，供大家阅览交流。而在这一过程中，学生的主人翁意识被激发，人人皆主动承担起整理图书、爱护图书、互相监督的责任，把学校开放式阅读空间当成"自家书房"。

运动空间——运动场

运动空间——羽毛球馆

如此一来，师生的借书阅读量明显增加，校园到处弥漫着"多读书、读好书、好读书"的气氛，书香校园渐渐形成。2017年，学校被评为全市27所市级书香校园之一，田园高中也因此成为一所由市教委命名的"书香校园"学校。

（3）运动空间

生命在于运动。"体育"是素质教育的基本准则之一，学校不仅开设体育课程，还要开辟运动空间。学校运动空间是学生最自由、最放松、最张扬个性风采的空间。

健康的身体和健康的心理往往是同步的，在操场上尽情奔跑，在篮球场上的鼎力配合，在足球场上的奋力拼搏，在羽毛球场的扑救厮杀，学生的本性得到尽情释放，在身体素质和心理素质得到锻炼的同时，团队意识、竞争意识的培养，个人担当、个人毅力等都能在运动场上得以实现和成长！

所以，一个学校必须保证学生有足够的运动空间，让青春的学生彰显活力，增强勇气，迎接挑战，抵挡挫折！

（4）艺术空间

艺术教育对于立德树人具有独特而重要的作用。学校艺术空间是实施美育的最主要物质基础，引导学生感受美、表现美、鉴赏美、创造美，陶冶高尚的道德情操，培养深厚的民族情感，促进学生的全面发展和健康成长。

田园高中的艺术空间，主要包括音乐教室、美术教室、舞蹈教室、小剧场、经典画廊等可以让学生接受艺术教育熏陶的空间。同时，田园还有话剧表演创意工作坊、服装创意工作坊、创意广告设计工作坊、摄影创意工作坊、微电影创意工作坊、播音主持创意工作坊、音乐制作创意工作坊等艺术专业培养的空间。在这样的艺术空间里，同学们潜移默化接受艺术熏陶，不断提升审美素养，提升艺术修养和品位。

走廊空间——学生绘画作品展示

（5）科技空间

科技空间

学校教学楼五楼西北角有一个特别的教室，是学校众多科技爱好者一展身手的天堂，那就是学校科技俱乐部的所在地。

在科技俱乐部里，车、钳、刨、铣、锯、刀、镊等供学生动手操作的工具一应俱全，各种板材、塑料、金属、电线、螺丝、钉子、纸张五花八门。在这里，学生在科技老师的带领指导下，勤于思考、勤于实践，敢于创新、敢于尝试，以智慧和能力获得了上海市机械奥运第一名、上海市太阳能小车拉力赛第一名、头脑奥林匹克单项比赛第一名、金擂主等多个奖项。2014届陆捷同学还获得全国学生科学院后备院士荣誉。

在科技俱乐部斜对面，还有一个机器人创意工作坊。机器人创意工作坊除了承担拓展课程和社团活动外，课余时间对学生开放，给喜欢组装和设计机器人的学生提供交流分享、动手操作的阵地。中午、傍晚、双休日、节假日，甚至寒暑假，机器人创意工作坊里时常能看到学生们忙碌的身影，他们争分夺秒沉浸科学技术的世界里，和机器人用心交流，继续自己的研究、实践、探索。学生的机器人作品获得多项市级一等奖奖项和 WER 世界机器人大赛二、三等奖的奖项。

科学技术是第一生产力，学校的科技俱乐部，为学生开启了科技世界的大门，培养了学生的科创意识，提高了学生的动手能力，激发了学生创作创新的精神，丰富了学生的课余生活。

8. 创意空间——十大创意工作坊

2015 年暑假，区教育局领导批准我校设立十大"创意工作坊"，这一消息，全校上下是喜忧参半，喜的是学校的特色项目被专家组评审认可并通过，随之有专项经费予以支持，学校发展有了新的动力；忧的是学校怎么才能腾出 10 间空教室来建设这十大创意工作坊？

由于 2017 年开始的高考改革，原来的"三加一"高考改成"三加三"模式，就是除了语数英三门课程以外，学生还要选择政治、历史、地理、物理、化学、生物这六门科目中的三门课进行学习并接受等级考试，并计入高考总分，这势必要增加课时和科目学习，学校也相应进行走班交叉上课制。在为如何腾出教室建设"十大创意工作坊"一筹莫展时，习近平总书记报告里"腾笼换鸟"的话语触发了我们的思考，能不能把学校的空间资源进行整体盘算，转方式、调结构？

经过学校行政集体反复找寻研究，决定将学校底楼原本用作仓库、乒乓房和画室的 3 间教室改造为课堂教室，将每层楼第一间教室改造为

创意工作坊 -1

创意工作坊 -2

办公室，每个办公室放置 20 张办公桌，用作三个年级的教师集体办公区域。这样，就将原本每个年级的 3~4 间的教师小办公室空出，正好建设成为学校具有创新特色的"十大创意工作坊"，创造了一个能激发学生创意火花、让学生乐于创意活动并实现创意构想的空间，培养学生的创新精神和实践能力。

在杨德妹副区长和区教育局领导的大力支持、直接关心下，学校顺利建成了十大创意工作坊，让"为每一位师生创设发展的空间"的理念又一次成为了现实。

最初开设创意工作坊，旨在借鉴国际先进的创意人才培养标准和管理制度，开发、建立学校创意特色课程，创建高中生"3+1+1"人才培养模式，初步形成学校美育创意特色教育培养体系，建成为区市"文创特色"人才教育与培训基地。"十大创意工作坊"为培养一批优秀文化创意领域青年人才后备，除了语数英三门主课加一门选课外，更添加一门文化创意专业技能知识，形成创意策划、创意设计、创意制作、创意表演等领域的文化创意教育

创意工作坊 -3

孵化平台，为学生将来进入高校深造及自主创业奠定了良好的基础。

文创工作坊建成以后，学校与上海话剧艺术中心、上海爱乐乐团合作，参与对方艺术文化创意活动，每年合作举办学校话剧展演和音乐会；与上海创意产业协会合作，参与国际文化创意产业领域的专业践习项目，成为上海市高中教育文化创意领域的核心平台。学校定期举办原创作品创意市集，发挥学生创造力及制作能力，提供一个展示学生作品的原创交流平台；开展"文化艺术之旅"，带领学生参观学习各类展览馆、博物馆、电影艺术馆、创意园区、科技园区、影视基地、电视台节目录制现场、知名文化创意企业等；组织寒暑假"文创工作坊"集训活动，各工作坊的学生协同合作，围绕一个主题共同来完成一个创意作品，展示集训成果。

通过十大创意工作坊建设，学校以创新教育体制机制为核心，以课程改革改变育人模式为基点，以提供教育的多样性去满足学生的个性化学习为支撑，吸引和利用国内外优质教育资源，开展文化创意类人才培养模式的创新，提升学校办学水平和综合实力，努力率先在上海建立"把更多课程的选择权交给学生，把更多课程的开发权交给老师，把更多课程的设置权交给学校"的办学体制和育人机制，努力成为区县有名望、省市有地位、全国有影响、国际有交流的一所以"文化创意工作坊"为重点发展项目的美育创意特色高中。

学校十大创意工作坊

编号	工作坊名称	编号	工作坊名称
1	微电影创意工作坊	6	动漫创意工作坊
2	音乐创意工作坊	7	视觉传达创意工作坊
3	创意策划工作坊	8	播音主持创意工作坊
4	戏剧表演创意工作坊	9	服装创意设计工作坊
5	摄影艺术创意工作坊	10	机器人设计创意工作坊

三、田园物质空间影响力

在建校之初的 2003 年，学校提出了"为每位师生创设发展的空间"的办学宗旨，随后把"学校办成优质实验性示范性高中"作为办学目标，列出的具体指标包括四项：环境美、校风好、特色明、质量高。其中，"环境美"作为四项指标的第一位指标，就是学校物质空间的营造要求。2006 年，学校被评为上海市花园单位，实现了环境美的建校目标，同时学校也被评为区行为规范示范校、闵行区文明单位。学校师生非常热爱美丽的校园环境，并引以为豪，学校的办学质量也逐年提高，许多优秀的特长学生涌现出来，达到了环境空间育人的目的。

无论是学生毕业后回忆母校，还是来访的同仁、家长、嘉宾，对田园高中的环境美都赞不绝口，认为校园精致典雅，处处体现环境育人的元素。2016 年 9 月，学校的美育创意特色正式入选上海市特色高中建设项目学校行列，特色建设规划被评审组认定为 A 等。同年 5 月，学校被评为上海市文明单位荣誉称号，2017 年学校又被评为上海市中小学行为规范示范校、上海市书香校园学校。作为上海市特色高中建设项目学校，市教委将连续三年下拨 300 万元特色建设专项费用，用来支持高中特色建设，届时，空间的利用和建设将更显重要，要求更显特色，更加有利于学生的成长发展。

第三章　办学空间学的精神维度

精神，是一种思想意识形态的存在，由高尚的信念引导、存在不断延展的良序结构，能有效凝聚正向能量，可培养美好的情感，并为人类的生活提供源源不断的动力。其结构维度包括理智、情感、意志、气质、毅力等。

一、校园精神空间界定

雨果曾说："脚不能达到的地方，眼睛可以达到；眼睛不能到的地方，精神可以飞到。"精神空间，从物质意义上看，是无法感知的，且具有无限性，并在审美感悟、情怀培养、道德教化、品行塑造中不断地丰富、拓展，不断地积淀、深厚。

"精神就是光明"，人类本能追求光明；"伟大的思想是从心里出来的"，人类趋向于顺从内心，而精神空间的获得，是心灵对本能所取得的距离。这个距离是可以经过理智的锻炼和意志的锤炼而不断拓展。这个距离的变化，便使得人的精神有

文化园地——葵花园

高尚和卑下之分、有振奋和萎靡之别。古人常言：精神爽奋则百废俱兴，肢体怠弛则百兴俱废。高尚、振奋的精神正是教育者期望学生所具备的，并为之极尽所能为学生创设一个适宜的精神空间。

田园师生的精神空间，始终倡导以"积极向上、热烈奔放"为主要导向的空间建设，提出"看最好的别人，做最好的自己"的人生观，努力追求和形成积极乐观、充满希望的正向人生精神状态，并呈现出来。要求教师要有自己的精神空间，不断塑造一个高尚的、纯净的、丰富的、积极的精神空间，只有这样的精神空间，才能照亮自己的心性，提升自己的灵魂，同时才能去照亮学生的精神和心灵世界。

二、田园精神空间建设

田园校园里除了客观的物质空间环境、天然的景观外，能对师生产生潜移默化影响的空间，还有各种咫尺多景、构局精妙、装饰华美的人文景观。这些令人赏心悦目的人文景观，就成为学校精神空间建设的具体抓手和载体。

在田园，我们建设了18个园地。全校共18个班级，每班都有一个园地。为此，我们从现实的空间建设，到精神空间建设和科学空间建设，从三个纬度分别构建田园的物

质空间的精神性。

1. 积极灿烂葵花园

学校有一块每位田园师生皆知、闻名校外的园地——"葵花园"。建设这个园地是有源头的。

2007年3月，田园当时高三学生凌姗姗个人撰写的书籍《我所认识的这个世界》，由中央民族大学出版社正式出版。这是田园建校以来第一位出版书籍的学生，在学校师生间引起了很大的轰动。当时凌姗姗同学让我给她的书写个序言，我想了想，就以《青青园中葵》为题写了一篇序言。

序言中，我把凌姗姗同学比喻为田园中一株灿烂的向日葵，希望她积极向上、苗壮成长，同时也希望教师们在田园里培育更多像凌姗姗一

田园葵花

样积极灿烂的"葵花"。凌姗姗同学读了我写的序言后，随即写了一篇后记。在后记里，她这样写道：陆校长把我比喻成田园高中里的一朵葵花，我非常喜欢这个比喻，因为向日葵它积极灿烂热烈奔放，永远向着太阳积极生长。

而当我看到"积极灿烂热烈奔放"这八个字时，顿时眼前一亮，既然学生那么喜欢向日葵，何不就在校园里种上向日葵，让学生亲眼看到向日葵的样子，感受向日葵的那种积极灿烂？于是，经过实地考察，我发现校园最西南角的操场跑道一隅，日照的时间最长，非常适合向日葵的生长。随即，我和总务处同事一起除杂草、翻土，耕耘出一块二十多平方米左右的土地，并用竹篱笆围起来。"清明春始草青青，种瓜点豆好时辰"。在 4 月清明节后的第一个升旗仪式早上，在那块土地中，田园师生代表一起播下了向日葵的种子。

田园葵花

田园葵花播种

"三分种，七分管。"在师生浇水、施肥的精心呵护下，向日葵发芽、生根、长叶、开花、结果。一株株向日葵张着如蒲扇的翠叶，顶着如金盘的花冠，茁壮挺拔，亭亭玉立，仿佛面露微笑的含羞少女在和闻香而来的蜜蜂粉蝶交朋友，和前来观赏的学校师生打招呼。花谢果结，丰满的葵花籽粒组成的硕大果盘，向日葵成熟内敛，谦虚地低下头，面向大地。越成熟饱满的葵花籽盘越是低头弯腰，放低身姿。

由此，田园人渐渐得出葵花的精神和文化：

一分播种十分收获的播种定律；

积极灿烂、热烈奔放的向日葵精神；

辛勤劳动流汗水的态度，科学耕耘用智慧的方法的收成定律；

花开蝶自来的自然因果规律；

果实越饱满丰硕，形象越低垂谦虚的谦虚务实精神。

当年，学校学生会还组织了"葵花礼赞"诗词歌赋创作吟诵会，进

049

行评比颁奖评奖，并结集编著了学校校本教材《葵花礼赞》。社会上一批企业家得知后，积极主动设立了田园高中"金葵花慈善教育奖励基金"，用"金葵花教育奖""金葵花服务奖""金葵花成长奖"分别奖励表现出色的教师、职工、学生，并帮助家庭暂时困难的学生，引起了积极良好的社会反响！

更加值得大家敬佩的是，凌姗姗同学后来考入了同济大学本科继续深造。这对于一所生源在中等偏下的普通高中来说，无疑是巨大的成功！我相信其中一定有向日葵所具有的积极向上、热烈奔放的巨大精神力量。

【学生心得分享】

葵花园——理想之园

高一（1）班　季琬琪

初入田园时，我第一次完完整整地了解了葵花。

金黄的花瓣、饱满的果实、向阳的姿势，那是我对葵花的最初印象。

葵花，正如它的英文名字——Sunflower一样，活力而富有生机。梵高的《向日葵》，饱满的花朵似乎能在虚无中迸发它真实的芬芳。

如果说名画走廊中蒙娜丽莎与大卫朦胧而梦幻的对视是学校古典而高雅的外表的话，那么跑道旁的那一簇簇向日葵便是学校质朴而浓郁的内涵。

进入学校的第一个月，金秋送爽，百里硕果。那时我们还都是

学校的新人，像是刚刚栽种到土地里的幼苗一样，尽力适应陌生的土壤。先前对葵花的认识，也就仅限于"葵花是我们的校花"而已。不过我们都认为用一种富有活力的生命来寄

托学校的理念与精神，比掷地有声的标语更加贴近生活，也更好地传达了所要传达的信念。葵花园，就像一根链子上的一个环一样，顺理成章地走进我的班级，走进我。

　　我的班级，门后总充满着欢声笑语。富有特色的两个班长，男主外，女主内，把班级管理得井井有条。我们不以班干部的职务来工作，我们的工作与付出出于我们积极向上的如葵花般的热心。每位同学各司其职，在班级的小舞台上展现出最真实的自我。阳光、积极、灿烂是我们的代名词，我们为自己代言，更为葵花精神代言。"你有你夏日温婉荷，我有我热情奔放葵"是我们对于绽放个性的理解。

　　葵花，代表着活力与奔放，更代表着信仰与精神。正如葵花园石碑上刻着的"积极灿烂"四个字一样，我们的葵花精神是充满青春的活力与深厚的内涵的。刚刚接到"葵花园"的任务时，我觉得有一点震惊。小小一片葵花园怎么能表现出学校的活力与特色呢？我带着疑问去追寻答案，可是当我找到答案时，我才发现它其实离我那么的近。

　　课题研究，我们班的有些小组选择了葵花。葵花，虽然只是一种植物，但当它放大到学校文化建设时，它便成为了一个极其庞大的项目。

葵花，有它千日追阳而不衰的勇敢，也有硕果累累低枝头的婉约，有它金色似火胜骄阳的傲骨，也有花季逝去落尘土的忠诚。在我们班，葵花俨然成为了一个图腾，就像古印加帝国将它作为太阳神的象征一样，葵花在我们班代表着勇敢、婉约、傲骨与忠诚。再加上它天生赋予的热情，便是我们班绝佳的代名词。

葵花，伴随着一届又一届学子的来去，承载着一个又一个学子青春的记忆。葵花，代表着一所学校博大的胸怀，引领着一代人的精神远航。

葵花之于我们，就像我们之于学校一样。

2. 18个"文化主题园地"

韩国盆栽大长今成范永认为："真正的园丁应该把庭园和园林艺术作为唤醒灵魂的资源。"葵花园的建设给了我很大的启发，我认为学校环境育人，是可以通过园艺种植来实现，真正落实教师作为园丁的责任。

于是，在校园环境建设中，我们有意识、有规划地把同类植物种在

文化园地——玉兰园　　　　　　　　　文化园地——桃李园

文化园地——土豆园

相对集中的位置。这样，整个田园校园里就有了桃李园、玉兰园、雪松园、枣园、葵花园等18个寓意各异的主题文花园地。

全校一共18个班级，每个班级认领和承包一块园地，围绕园地，做三件事情：一是负责包干整洁卫生和养护，属于基本的行为规范范畴，也是物质空间维护和建设；二是挖掘园地文化内涵，比如桃李园，同学们挖掘的是"春华秋实"，葵花园挖掘的是"积极向上"，土豆园是"谦虚务实"，玉兰苑是"清新高雅"……确定了文化含义，把其刻在石头上，放置于相应园地的醒目处，并把这个文化作为班级文化。这样就达到每个班级的班级文化各有特色，百花齐放，各美其美，美美与共；三是确立研究课题，探索各个园地中植物的自然属性，然后开展研究性学习，探求植物的形态特征、栽培技术、繁殖方式、文化内涵、主要价值等，成为研究性课题，培养学生的科学研究意识、科学探索精神和探究能力。这三件事情，被确定为学校环境空间建设的一个校本课程，《上海中学生报》曾以整版篇幅予以报道。

学校和美环境建设得到了师生的认可，学生也的的确确在和美环境里受到了潜移默化的影响，师生爱美、积极、自信、乐观。

【附录1】

18 园地名称和寓意汇总

班　级	文化园名称	寓　意
高一（1）	葵花园	积极灿烂
高一（2）	香樟园	挺拔凝志
高一（3）	翠竹园	劲节虚心
高一（4）	银杏园	宁静古朴
高一（5）	金桂园	香飘万里
高一（6）	海棠园	聪慧敏捷
高二（1）	桃李园	春华秋实
高二（2）	红枫园	情真谊洁
高二（3）	百果园	自然和谐
高二（4）	百花园	竞相争艳
高二（5）	土豆园	谦虚务实
高二（6）	雪松园	坚韧不拔
高三（1）	棕榈园	热情真挚
高三（2）	合欢园	和乐美好
高三（3）	紫藤园	团结执着
高三（4）	梅花园	傲然正气
高三（5）	玉兰园	清新高雅
高三（6）	樱花园	纯洁高尚

【附录2】

美育引领春意满园

　　上海市田园高级中学校长陆振权，是一位美术高级教师。他用"美育引领和谐发展"的教育理念，带领学生领略美——校园之美，生活之美，学习与成长之美。学校最近开展了"班级文化园"建设课程，每个班级都有专属的代表植物。而这种植物，必定会在校园内有专辟的区域进行种植。陆振权校长说："荷花是荷花，玫瑰是玫瑰，只要开，不要比。当水稻成长为最好的水稻，玫瑰成长为最好的玫瑰时，我们就真正达到了'教育使人幸福'的目的。"采访结束后，记者从陆振权校长的谈话中发现，教育，做的就是一个园丁的事情。"辛勤劳作流汗水，科学耕耘用智慧"，是种子，就相信它一定会发芽；是花蕾，就相信它一定会绽放。

每一位教育者，都应该用足够的耐心、信心和敏锐心，去聆听花开的声音，等待花朵的盛开。

高一（1）班葵花园

寓意：积极灿烂

解读：《汉乐府》里有一句"青青园中葵"，而高一（1）班的同学们便像这正在成长的葵花，向着阳光，积极而灿烂地成长。初入田园高中，就了解到向日葵是学校的精神之花，是学校的象征。金黄的花瓣、饱满的果实、向阳的姿势，那是大家对葵花的最初印象。

葵花，正如它的英文名字"Sunflower"一样，活力而富有生机。梵高的《向日葵》，饱满的花朵似乎能在虚无中迸发它真实的芬芳。葵花，代表着活力与奔放，更代表着信仰与精神。正如葵花园石碑上刻着的"积极灿烂"四个字一样，我们的葵花精神是充满青春的活力与深厚内涵的。

文化园地——百花园

阳光、积极、灿烂是我们的代名词，我们为自己代言，更为葵花精神代言。"你有你夏日温婉荷，我有我热情奔放葵"是我们对于绽放个性的理解。葵花，有它千日追阳而不衰的勇敢，也有硕果累累低枝头的婉约；有它金色似火胜骄阳的傲骨，也有花季逝去落尘土的忠诚。在高一（1）班，葵花俨然成为了一个图腾，就像古印加帝国将他作为太阳神的象征一样，葵花在班级里代表着勇敢、婉约、傲骨与忠诚。

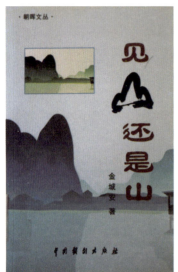

学生出版的书籍

高一（2）班香樟园

寓意：挺拔凝志

解读：香樟树很有特色，树皮粗糙，质地却很均匀，没有白杨树的斑斑驳驳，也没有柳树的肿瘤结节；树枝树干一分为二，二分为四，一路长去，不会偷工减料也不会画蛇添足；树冠的形态是球形的，在天空中画出优美的曲线。香樟树就像是苏东坡的书法，圆润连绵，俊秀飘逸，却又中规中矩，气势宏伟，挺拔坚韧。香樟树一年四季都在生长，尤其在春天更加具有青春活力，让人看了便觉得精神倍增。秋天，树叶便会一片片落到地上，好像铺满了一层厚厚的香樟雪那样美丽，让人不禁陶醉其中。

2013年的植树节，高一（2）班同学亲自栽培香樟树，并定期派同学去察看其生长情况。每个同学都有任务，如挖土，为树浇水，栽种完毕后，每位同学还要定期照顾香樟树。大家相信，通过共同努力，香樟树一定会郁郁葱葱。此外，班级里每位同学还写了一句保护树木的标语，通过校内外的宣传，让更多的人来了解香樟，关注香樟，保护香樟。

高一（4）班银杏园

寓意：宁静古朴

解读：银杏，宁静古朴，为植物界的活化石，经过千百年的沉沦，在喧嚣的城市，它卓尔不群，春华秋实。银杏叶、银杏果（白果）皆可入药，用途极广。

今年3月，高一（4）班全体同学在银杏树下开展了一次"银杏读书会"，谈谈每个人对名著的不同理解。而他们准备在5月份，每人制作一张属于自己的"银杏书签"，比比创意。更重要的是，提醒自己就像一片银杏叶一样，徜徉在书的海洋里。到了6月份，同学们还将通过"书写梦想"活动，将自己的愿望写在银杏叶后面，集中埋在银杏树下，相约待到高三毕业时再揭晓，看看谁实现了当年许下的愿望。

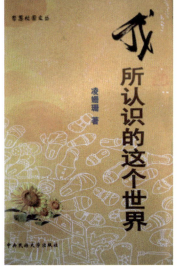

学生出版的书籍

高二（5）班土豆园

寓意：谦虚务实

解读：在我们日常生活中，最常见的蔬菜之一便是土豆。不仅是因

学生出版的书籍

为土豆一年四季常青于市场，更是因为它具有很高的营养价值和药用价值。土豆，求真简朴，脚踏实地。它默默生在土中，没有鲜花的艳丽，也没有水果树果实累累的张扬。土豆更是默默地努力着在地下生长，但结的果实既多又是美味的佐餐。而高二（5）班全体同学，追求的正是像土豆这样的精神：顽强地生长，不被环境所束缚，并且让自己茁壮成长。努力奋斗，脚踏实地，从不浮夸。

高二（5）班通过印刷土豆宣传册，正面用地图方式标注了土豆园在校内的位置。反面是2013年月历，并附有12种土豆制作的菜肴，宣传土豆精神，介绍土豆的生长。此外，班级举行了别开生面的"土豆接力赛"，6人一组，根据规则分别完成接力赛的游戏，以此体现同学的动手能力以及对土豆的了解。在主题班会上，同学们畅谈对土豆精神的理解，通过了解土豆生长的习性，更好地理解土豆精神。

高一（6）班海棠园

寓意：聪慧敏捷

解读：海棠花花姿潇洒，花开似锦，自古以来是雅俗共赏的名花，素有"花中神仙""花贵妃""花尊贵"之称，花语为游子思乡、离愁别绪。由于海棠花栽培历史悠久，深受人们喜爱，后来人们发现了与它花形相似的植物，往往就以海棠来命名，如秋海棠、四季海棠、丽格海棠等等。

阳春3月，正值海棠盛开之季，高一（6）班开展了以"海棠"为主题的系列活动。首先，同学们通过上网和图书馆查询，探究海棠名之来源，根之所在，花之盛期等知识，了解海棠。此外，同学们通过收集掉落的海棠花瓣，发挥想象力制作成标本、书签、挂画等，并用拍摄、绘画（素描、速写、漫画等）或用文字保留海棠的风采，感受和"复制"海棠的魅力。在此之后，同学们还将摘录有关海棠的文学作品，并选择其中自己感兴趣的背诵出来，并在班级中学习交流。

高二（2）班红枫园

寓意：情真谊洁

解读：枫叶，让人联想到浪漫的学生生活或过去的友谊。深秋季节，天高气爽，满山红叶，往往是同学、好友秋游的好时间。古往今来，无数文人，用诗歌歌咏枫叶，抒发情感，赞美或怀念友谊。如著名的"远上寒山石径斜，白云深处有人家。停车坐爱枫林晚，霜叶红于二月花"，"一重山，两重山，山远天高烟水寒，相思枫叶丹"等等。

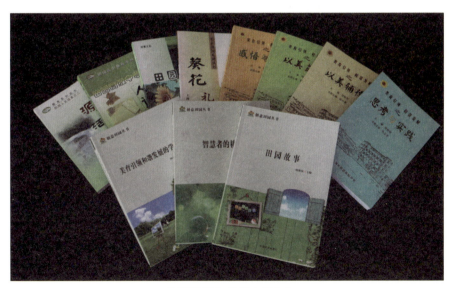

教师出版的书籍（部分）

而在我们学校，这短暂的三年给我们带来了许多美好的记忆，这些记忆将伴随着我们终身，而这之中，最令我们怅惘的就是这纯真的友谊是一种没有利益掺杂的友谊，愿它永远存在我们心中。

记者手记：雪松园、樱花园、紫藤园、百花园……高中三个年级，每个年级6个班，全校便有了18个各有寓意的"班级文化园"。限于篇幅，无法一一枚举。但同学们通过对各个园地的卫生保洁、文化挖掘和科学探究，加深了对自然界的了解，学会与自然和谐相处，并由此上升到精神层面的学习，这不得不说是上海市田园高级中学的独特风景。正如校长陆振权所说："这是富有'人文绿色'的校园内涵特色文化，希望带给学生积极向上、诚信高雅的校园文化氛围，丰富他们的生活体验，享受紧张而幸福的高中生涯，建设人文绿色的幸福校园。"

——摘自《上海中学生报》（2013年4月24日，记者/刘潇潇）

三、田园精神空间影响力

田园精神空间

田园高中自2003年9月建校以来，经过14年的物质空间和精神空间建设，渐渐形成了自己特有的精神文化。"看最好的别人，做最好的自己""每位学生天生有才，每位学生各有精彩""荷花是荷花，玫瑰是玫瑰，只要开，不要比""辛勤劳动流汗水，科学耕耘用智慧""花开蝶自来"，这些言语，给了田园师生强大的精神动力，焕发出巨大的潜能力量，成就着学生，成就着教师，也成就着学校精神的影响力无疑是巨大的。

田园师生，面对生活的现实，没有牢骚，没有抱怨，有的是"辛勤劳动流汗水"的态度，有的是"科学耕耘用智慧"的方法，因为田园人深信：花开蝶自来！在田园精神的指导下，全体田园人用勤奋和智慧，一步一个脚印，从一所名不见经传的新办普通高中，渐渐成为了区内外乃至境内外都有较好声誉的实验性示范性高中，升学质量由原来的少部分学生能上本科院校，到如今95%以上学生都能上本科院校，向国内外名校输送了一批批卓尔不群的学子，他们或继续深造，以专业的知识武装自己；或已经成长为社会精英，正为祖国的伟大复兴奉献自己的绵薄之力。

在学校精神空间的建设过程中，学校教师队伍也得到快速成长提升：规模不大的教师群体中，有上海市名师名校长后备人才4名、上海市优青教师两名，获得国家级、市级教学评优和教学基本功大赛一、二、三

杨淼同学音乐会

等奖的有 4 人。

学校也由一所新办的普通高中，成长为区实验性示范性高中、上海市特色高中建设项目学校、上海市文明单位、上海市行为规范示范校、上海市书香校园，成为了一所远近闻名的环境美、校风好、特色明、质量高的优质实验性示范性高中。

我想，这就是精神空间建设的力量!

第四章　办学空间学的思想维度

　　学校是培养人才的摇篮，思想教育不仅关系着教学质量的提高，体现着办学方向与特色，更是培养社会主义合格建设者和可靠接班人的需要。只有狠抓并落实思想教育工作，才能科学地贯彻执行党的教育方针，立德树人，不断推陈出新，办出特色，提高教育质量。学校思想教育不仅要重视德育的教化功能，重视教育者本身的言传身教，还应该重视空间的无言之教，重视利用多维空间潜移默化，将有言之教和无声之教结合起来，这将更能利于受教育者接受，更能起到事半功倍之效果。

一、校园的思想空间界定

　　学校思想教育的目的在于帮助学生扩大精神信息量，扩展学生的知识面，消除原有知识的局限性，超越过去的狭隘眼界，提升学生的艺术视野、文化修养和精神境界，带给学生崭新的、有

文化园地——锦园

益的、正向的力量。而空间思想维度是指一个人思考问题的广度、深度、高度、远近度等，直接决定一个人行为处事的方式和发展格局。校园师生群体的思想空间，直接决定着一所学校办学品位的高低、质量的高下以及发展前景的良莠。

思想空间建设与教书育人不可分割，德智体美劳协调发展，把学生的思想教育渗透到课堂、科技、文化、艺术、体育等校园文化活动中去，力求富有创意、积极有效地为学生创造"和美"育人环境。

二、田园的思想空间建设

1. 仁山智水

人之乐山好水，自古皆然，"仁者乐山，智者乐水"是典型的代表。山是静止的书，书写了青松气质、磐石风格，能打磨人的刚毅和傲骨；

仁山智水

水是流动的书，记载了风花雪月、春夏秋冬，可培养人的灵活和敏锐。"乐山好水"成了中国文人精神追求的具体行为表现。先秦诸子就从山水的巨幅书页之中找到了人生的思想和智慧：孔子面对大江感叹逝者如斯，不舍昼夜，人生短暂，把握分秒；孟子看到河水源泉滚滚，盈科后进，夯实自身，才能久长；管子察觉海纳百川，故成其大，山接土石，故成其高，广泛汲取，厚积薄发；老子认为上善若水，以柔克刚，百川入海，永志不顾。一代书圣王羲之面对兰亭山水胜景，留下独一无二的书法旷世之美《兰亭集序》，也留下"一死生为虚诞，齐彭殇为妄作"的生命慨叹。毛泽东主席同学少年之时，立于湘江江渚之上，看万山红遍，层林尽染，漫江碧透，百舸争流，读出英雄的用武之地和时代的担当之情。山水空间对人的激励和浸染功用由此可知，尤其青年学子正处青春年少、思想敏锐之时，对山水的思考可能会唤起他们无限的豪情。

喷水池改造

　　田园高中建造之时，校园里既没有山，也没有水。2005年，学校筹资在教学楼中心椭圆形的绿化区，用石头堆起了假山，安装了水泵，形成高山流水之势，创田园高中人造山水之先例。而椭圆形中厅，本是一个封闭的船形空间，配植有麦冬植物，人无法跨入，与走廊间形成一个近两米宽度的环形空间，单调而杂乱。这个环形空间被改造为水渠，装配氧气泵和过滤器，与人造山水相贯通。锦鱼、乌龟等观赏动物、其他花草植物相继加入，与人造山水、人造水渠有机构成一处雅致灵动的山水景观，并被命名为"锦园"，给学校平添了生机和灵气，更增添了传统文化中的"仁者乐山，智者乐水"的韵味。每当课间、午间、傍晚，学生三五成群在此漫步、喂鱼、赏景，放松心情，调养生息，做到劳逸结合，张弛有度，相得益彰。徜徉其间，山水小景与轻松的校园音乐呼应，就有了"高山流水"的想象空间，和三五知己促膝而谈的审美背景，好动的学生增添了水的轻盈与灵动，好静的学生增添了山的庄重与沉稳。

题名"锦园"，是寓意田园学子，在田园学习三年后，走出田园，走到锦绣的中华大地上，走向锦绣的未来。前程似锦，是一种美好的祝福之意。

2. 行知天地——陶行知雕像

陶行知雕像

近代最伟大的人民教育家当数陶行知先生，他是每一位教育工作者学习的楷模。他的"千教万教教人求真，千学万学学做真人""捧着一颗心来，不带半根草去"的教育信念，以及立志"建设100万所乡村小学，改造100万个乡村"的教育救国的理想，激励着每一位教育工作者。他的"行在前，知在后""行是知之始，知是行之成""知行合一"的思想方法，也是每一位教育工作者人生道路前行的方法指南。

2005年10月，学校正式向中国陶行知教育思想研究会提出申请，成为陶行知教育思想实验基地学校。随后，学校美术教师李本海，根据陶行知的照片，塑造了陶行知像，后浇铸成青铜雕像，立于校园中，成为学校一个独特的人文空间，潜移默化地激励师生注重行动，学思结合，知行统一。

陶行知知行合一的思想指导着我们田园师生的日常工作与学习，我们提出"读万卷书，行万里路"，在充分阅读与积累的基础上，我们组织师生深入各地进行文化采风，感受祖国大好山河和日新月异的发展态势，归来之后再撰写采风作品；我们在长期深入实事求是地做一项教育教学工作之后，再来反思提炼，进行课题研究，扎实科学地推进科学研究，做成若干国家级和市级大课题项目；我们在落实学生思想教育的各类宣传工作之后，组织学生奔赴多个全国青少年思想教育基地，重走革命道路，以生动具体的实践活动有平台有抓手地强化思想教育成果；我们在进行中国传统文化教育，充分掌握了解中华文明的精深博大之后，组织学生走出国门，打开视野，以宽阔的胸怀实践感知其他民族的优秀文化，以悦纳的心情拥抱不同的文明，从而"会当临绝顶，一览众山小"。知行合一的教育思想拓展了我们的办学空间，丰富了我们的内涵品质，成就了我们的襟怀气度。

3. 美育偶像先驱——蔡元培雕像

　　我国近代诞生了两位著名的教育家，除了注重平民教育的陶行知先生，还有一位是注重美育、提倡美育取代宗教和思想自由兼容并包治学理念的蔡元培先生。蔡元培的美育思想，直接列入了当时中国的教育方针，他提出的"五育"（军国民教育、实利主义教育、公民道德教育、世界观教育、美感教育）并举，深刻影响了中国近代教育。

蔡元培雕像

　　2013年，学校委托本校美术教师李本海设计并制作了蔡元培先生半身青铜雕像，立于校园中，成为又一个具有教育意义的校园人文景观空间，并以此鞭策我自己见贤思齐。蔡先生教育思想有两大端：春风化雨和兼容并蓄。他蔼然仁者、慈祥诚恳的气象体现的是教育者的本色，冯友兰评价他一介寒儒，书生本色，这是对我，也是对全体教育者的一种驱动。2004年我接到任命担任田园高中校长，迄今已是14个年头，我自觉黄金一般的生命年华奉献给了田园，奉献给了教育事业，无怨无悔。这个过程，陶行知思想与蔡元培思想，直接影响着我的办学理念、育人信念，他们赤诚的教育思想，有利于我积累的厚度与广度，有利于我思考办学的纵深发展，有利于我把田园办成我理想中的优质学校。

传说，塞浦路斯王子皮格马利翁喜爱雕塑。有一次他成功塑造了一个美少女的形象，爱不释手，每天以深情的眼光观赏不止，期待她能复活。看着看着，有一天雕塑的美少女竟然真的活了。这就是心理学上著名的因为爱和期望而梦想成真的"皮格马利翁"效应。14年来，我就像一位躬耕田园的农夫，以"教育是农业而不是工业"的观点（工业可以复制出一件件一模一样的产品，而农业不是），相信要想农作物得到好的长势和收成，就要先了解不同农作物种子的特性，然后在合适的时节，以合适方式，提供合适的土壤、水分、温度，然后假以时日，才得以收获。水稻就成为最好的水稻，玫瑰就成为最好的玫瑰！如果把水稻和玫瑰一起种植，最后就会颗粒无收，更重要的是还白白浪费了本应长得很好的水稻种子。

师生平等，博采众长，是我向蔡先生学习的另一方面。教师中有什么好的做法好的思想，我总在各种场合大力表彰宣传，提炼成熟之后推广实行，百花齐放兼容并包，才有了田园突飞猛进的发展。与蔡先生一样，我校长办公室的门总是半开着，方便师生办事交流。或是学生手持一叠书稿，或是学生反映某种情况，或是教师交流某个金点子，或是老师汇报某种学习心得，开门办学，各种精彩。此外，一楼门厅设有校长信箱，为师生与我交流增加了一种途径。我校还有一个与其他学校不太一样的地方，我们的食堂是师生一起用餐，不分彼此的，这样可以利用用餐时间师师之间、师生之间进行学习生活交流，是一种朴实而真诚的餐桌文化。我一般在接近中午 12 点时才去用餐，目的就是此刻学生也即将来吃饭，我有更多机会了解学生，同时适时在他们心中播下梦想的种子。

三、田园思想空间建设影响力

思想，看不见，摸不着，但思想又具有无比强大的力量，坚定的思想，可以让人奋不顾身，可以让人意志坚定如磐，可以让人坚持不懈，甚至可以让人抛头颅洒热血。

田园原本是一所农村完全中学高中部独立分离出来的高中，生源学习基础差，师资队伍力量不稳定，学校教育质量也比较低，学校里怪话牢骚多，积极行动、主动愿意改变的人少。但十多年来，在学校的空间建设过程中，许多观念思想逐渐被师生员工认同和接受，许多理念耳熟能详，在口口相传中发展壮大，并让田园迅速发展，不断实现超越，星星之火，确实可燎原。

校园思想空间为师生创设了一个愉悦、和谐、民主、宽松的人际环境，凝成了群策群力的行政班子、积极进取的师资队伍和阳光灿烂的学生群体。特别使学生在轻松和谐、文化底蕴浓厚的学习氛围中产生探究新知兴趣、积极主动地去追求人类的最高财富——知识和技能，从而使学生有思想敢创造，迸发出创造思想的火花，使学生增强自信，敢于担当，勇于创新和实践，成为祖国建设栋梁之材。

【附录】

田园教育理念录

1. 为每一位师生创设发展的空间。

2. 像向日葵一样积极灿烂热烈奔放。

3. 荷花是荷花，玫瑰是玫瑰，只要开，不要比。

4. 每位学生天生有才，每位学生各有精彩。

5. 看最好的别人，做最好的自己。

6. 辛勤劳动流汗水，科学耕耘用智慧。

7. 花开蝶自来。

8. 读书改变人生，今天决定未来。

9. 不比起点比终点，不比智力比努力。

10. 一分播种十分收获。

第五章 办学空间学的心理维度

古希腊哲学家赫拉克利特曾说："如果没有健康，智慧就难以表现，文化无从施展，力量不能战斗，财富变成废物，知识也无法利用。"所以，学校育人，旨在培育健康之人。1948年世界卫生组织成立之初，在它的宪章中把健康定义为"一种生理、心理和社会适应都臻于完满的状态"，30年后，又在其中加入道德品质，认为健康包括身体健康、心理健康、社会健康、道德健康四个方面，心理健康始终排在第二位，足见其重要性。

一、校园的心理空间界定

心理是人脑的机能，是人脑对客观事物的反映。人的一切活动都离不开心理活动，学生的健康成长离不开心理的健康。学校是学生成长的摇篮，它不但是文化教育的场所，更是心理健康教育的空间。

校园心理空间是指全校师生的心理世界，除了个人心理世界外，还包括有生生间、师生间、师师间、干群间、学生和家长间、教师和家长间在心理层面的相互联系，包括彼此认识、相互尊重、相互包容、相互学习、相互激励的人际关系。学校师生心理状况怎样，直接决定了学校的精神气质、文化氛围，也间接影响到学校的办学质量、师生品位和工作学习质量。

心理的空间，辽阔深远没有边际，复杂丰富没有确定，细腻柔远而又敏感，具有包容性、善变性、模糊性，但同时又可人为进行调适，从而优化心理素质，提高挫折承受力，增进师生整体素质的全面提高。

我们用问卷的方式，对田园校园中人际心理的状况做了一个浅显调查。

试题	选项	人数	占比
当你的同学、朋友取得进步或成功时	感到很高兴	28	43.75%
	感到很失落	2	3.13%
	感到无所谓	5	7.81%
	感到自己也要努力	29	45.31%
如果当老师把考试成绩的高低作为衡量学生优劣与奖惩学生的尺度，你认为	正确	6	9.38%
	错误	16	25.00%
	基本对但不全面	24	37.50%
	基本错的，只有一点点道理	18	28.13%
你的同学有了困难	很乐意主动帮忙	55	85.94%
	帮一把但不是很主动	9	14.06%
	不太愿意	0	0.00%
	不愿意	0	0.00%
你觉得异性同学之间的"亲密交往"	很正常	23	35.94%
	应该适可而止	33	51.56%
	中学生不应该有"亲密交往"	3	4.69%
	无所谓	5	7.81%

从表中我们欣喜地看到：当学生有困难时，85.9%的学生很乐意主动帮忙；而且在对待异性同学之间的"亲密交往"，有51.5%的同学都保持有一个清醒的认识，适可而止；当老师把考试成绩的高低作为衡量学生优劣与奖惩学生的尺度，有相当多的学生表示不认同，认为正确的只占9.3%。这些就是学校中的学生的心理空间及其状态。

二、田园心理空间建设

1.学生的心理空间建设

以和谐班级、社团活动带动班级特色形成，推进校园"和美"人际空间构建，在互相尊重与相互理解中创建和谐班级。如何真正实现以人为本，构建和谐的班级是摆在我们班主任面前的严峻任务。老师要尊重学生，当然老师也希望赢得学生的尊重，那么，怎么才能赢得学生的尊重呢？我们说尊重是相互的，只有平等地对待学生，你才会赢得学生的尊重。这种平等包括"老师与学生的平等"及"学生与学生的平等"。一个班级，班主任是学生的表率，要求学生做的，班主任也要做到。如学生不能迟到，班主任在各种场合也不能迟到。学生要勤奋地学习，班主任也要勤奋地教学、钻研。只有这样，老师才能感染学生，教与学是相辅相成的，作为一位班主任，老师敬业，学生也会见贤思齐静下心来认真学习。

坚持在互相尊重与相互理解中构建和谐班级是我们不少班主任老师的真实体验，和谐班级建设拉动了和谐关系的建立，推动了班级发展，使不少同学在这个集体中成长成功。通过各种社团活动，逐渐带动了班级特色的形成。

2007届的蔡韩沁同学数学特别好，全国得奖，但英语极差从来没有及格过。高三了，他内心焦急，提出数学课自己到图书馆自学英语。班主任征得学校同意后答应了他的要求。沈丹枫同学文化科目都不及格，但热衷音乐创作和演奏，组建电声乐团，学校与班级也"睁一只眼闭一只眼"，每次活动都安排了他的乐队演出。后来，蔡韩沁被美国大学数学专业以高额奖学金录取，在大学又获得数学竞赛第一名，毕业时以优秀学生的资格，被爱荷华大学录取为数学博士继续深造；而沈丹枫同学高中毕业后直接创业，现在是两家文化公司的老总，带领一批同学和年轻人创业有成。

【案例1】

班级合唱引领心理成长

2012届（4）班从高一就开始"合唱切入，美育引领"的班级特色建设的全新探索，是以社团活动带动班级特色形成的典型案例。

著名的匈牙利音乐教育家柯达伊说过："合唱是非常重要的，由集体的努力所完成的音乐作品和带来的愉快，培养了高尚品格的人，这种价值是无法估量的。"让合唱走进班级，走进学生的心灵，大家用同一个声音、同一种旋律，表达同一个思想、倾述同一种情感，这种音乐形式上的和谐与统一，能有效地增强团队的凝聚力，为班级的发展带来生机，实现班级整体的进步。

在排练中，学生学会了不要"越位"，学会了谦让，懂得了等待，懂得了配合，意识到团队的一致性，意识到整体的重要性，他们明白：只有互相补充，相互映衬，取长补短，才能取得预期的效果；只有通过协作、配合、齐心合力，才能收获最终的荣誉；只有善于发现，善于比较，自我审视，才能不断进步和发展。

在合唱中，以班级为整体，通过集体的努力，完美呈现一首歌曲，给予观众听觉盛宴，学生一方面体验到成功的喜悦，一方面意识到自己的贡献值，为之自豪，继而树立起正确的价值观，培养起自身的自信心，并把这种自信带进其他活动中去。

2012届（4）班合唱队先后参加了欢迎德国学生艺术交流、集团合唱比赛、社团汇报演出、元旦文艺汇演等文体活动，获得了荣誉，积累了经验，收获了友谊，也增进了彼此之间的同学情谊。每一次合唱实践都是学生走向前台，直接参与活动的机会。学生参与演出、参加比赛，在带给别人艺术享受的同时，自身也得到社会的肯定，这是一种无形的激励、一份宝贵的经验。

紧张的训练和偶尔的表演，尽管占据学生一定的休息时间，但在活动中学生体会到了美带给自己的信心和力量，并将之内化为动力投入到学习中去，使得班级整体学习成绩比较优秀，改变了入校时靠后的局面。

事实证明，艺术让合唱班学生不仅艺术修养有了明显的提高，而且学生的性格得到完善，精神风貌、集体主义精神、协作精神都在磨合中得到了熏陶和培养，尤其逐步内化为了人格美，充分发挥了以美辅德的育人功能，使班级成为每个学生的温暖港湾。

【案例2】

名人传记阅读活动促进学生心理发展

高一某班在班级中开展"名人传记读书活动"，人人参与，了解历史，认识名人。而"名人故事演讲"给了学生分享"有所感，有所获，有所想，有话说"的平台。教师从学生演讲的内容、解读的视角捕捉到契合学生思想的元素，耐心引导，默默关注，帮助学生挖掘自身的亮点，确定自己的目标，树立自己的理想，放眼世界，大步向前。

士别三日，当刮目相看。经过一段时间的坚持，在名人故事的启发下，在名人精神的熏陶下，学生的思想面貌有了明显的改变。原国务院总理朱镕基的生平故事深深打动了某某同学，为朱总理的人格魅力、处世风范、道德修养所折服，并用一篇洋洋洒洒、文质兼美的演讲稿表达了自己深切的体会。他意识到"国家兴亡，匹夫有责"，并以朱总理为榜样，确立了自己的远大理想——男儿自以身许国，为国家富强奋斗。他一改顽性，一日三省，从点滴做起，脚踏实地，成功组织了社区服务队、青年志愿者活动等，工作主动热情，积极肯干。

"和美"人际空间促进学生发展。学校"和美"人际环境建设，是德育育人的重要抓手。学校各团队，年级组、备课组、教研组及各部门、各团

心理放松室

体等在建设过程中，不断进步、共同进步，积极发扬团队精神，充分发挥榜样作用，保持积极向上、乐观互助的良好氛围，做到互相合作、互相包容的"和合"境界，为学校"和美"大家庭的建设夯实基础。

学校"诚信高雅、兼容创新"的校风，"敬业爱生、扎实高效"的教风，"勤学善思、合作竞争"的学风逐步形成，和谐的人际环境、浓厚的学术环境、高雅的文化环境、催人奋进的育人环境，使学校学生在德智体美劳等方面全面发展，以一名优秀的高中生，充满自信地跨入高等学府继续深造。

美，可以辅德，可以益智，可以健体，可以养性，前提是有美的氛围、美的土壤。作为学校，我们要努力为学生创设学校之外的美的氛围，鼓励学生走向社会，走出国门，扩大视野，冲破语言障碍，接触和了解不同的文化习俗。让学生通过对外交流，不断探索、注重常态下的美的事物对人的陶冶与熏陶。

【案例3】

听得见的空间——时空的超越

（1）响彻校园的每周一歌

音乐是一种直指人心的声音美、节奏美、韵律美，是一座架起人与人之间心灵沟通、情感共鸣的桥梁。"情之所至，音之所生""因感而歌，由情而发"，音乐是由情感而生，它是一个人心灵的展现和思想情感的烘托，具有感染力、号召力、影响力，予人以心灵撼动，进而感动人、教化人。正如苏联教育家苏霍姆林斯基所说："音乐教育——不是培养音乐家，首先是培养人。"

古代文人的四大修养——琴棋书画，首当其冲的琴，即音乐的代表，古人将"通音律"作为评议一个人文化修养之首要，可见音乐美育历史之悠久。田园高中将音乐育人回归校园，让学生与音乐为伴，在音乐享受中感悟美。自2005年以来，田园校园每天中午1:00~1:10时段，全校学生一起站立唱歌10分钟，每周学会一首歌曲，三年学会了100首歌曲。每年5月，在学校国际文化交流节的当天，全校举行"班班有歌声合唱"比赛，这是心灵的放飞与洗礼，是心灵的舞动与共鸣。唱出团结，唱出合作，唱出集体的力量；唱出生活，唱出豪情，唱出美好的青春！

励志歌单

编号	歌曲	编号	歌曲	编号	歌曲
1	蜗牛	12	野子	23	超级英雄
2	隐形的翅膀	13	夜空中最亮的星	24	我的未来不是梦
3	明天你好	14	少年	25	路一直在
4	真心英雄	15	斑马斑马	26	和未来有约
5	水手	16	蓝莲花	27	仰望星空
6	阳光总在风雨后	17	飞得更高	28	明天你好
7	我的左右	18	行走的力量	29	最美的太阳
8	落叶归根	19	十年一刻	30	有梦别放下
9	我是一只小鸟	20	爱我的每个人	31	年轻的战场
10	明天更美好	21	平凡之路	32	奋斗的青春
11	白桦林	22	海阔天空	33	我最响亮

校园歌曲

编号	歌曲	编号	歌曲
1	红蜻蜓	8	橄榄树
2	蝴蝶飞啊	9	彩虹的微笑
3	青春纪念册	10	再见 再见
4	同桌的你	11	毕业歌
5	青苹果乐园	12	我的左右旁边是你的右手
6	爱	13	光阴的故事
7	明天会更好	14	放心去飞

英文歌曲

编号	歌曲	编号	歌曲
1	Big Big World	9	I Believe I Can Fly
2	Yesterday Once More	10	Seasons In The Sun
3	Yesterday	11	Tie A Yellow Ribbon Round The Old Oak Tree
4	When A Child Was Born	12	Rhythm Of The Rain
5	Lemon Tree	13	Forever Young
6	trouble is a friend	14	Hey Jude
7	When There Was Me and You（暂定）	15	I Could Be The One
8	Dream It Possible	16	Let It Go

（2）缭绕校园空间的古典名曲

音乐凭借音波的震动而产生的声音，能使人产生美妙的感觉。在疲惫的时候，听一下舒缓的音乐，可以使劳累的肢体得以舒展；在烦躁的时候，听一下安静的音乐，可以使紧绷的情绪得到放松。所以说，音乐是可以给人正向能量的。

如何在学习紧张的高中阶段，让学生接受到古典名曲的熏陶，获得心灵的放松和前进的动力？从2014年开始，学校尝试以古典音乐的经典片段作为上下课铃声，并每两周更换一次曲目。每天8节课，加上早自修、午自修、晚管活动、夜自修，每天铃声播放十余遍，两周就是近100遍。久而久之，古典音乐便自然而然在学生脑海里留下深刻印象。

针对每周要播放的乐曲，会在升旗仪式上做简单的介绍，并在学校教学大厅的开放式电脑屏幕上滚动播出乐曲简介。这样，以每年40周计算，学生三年便能累积欣赏、认识100多首古今中外名曲，成为人生一辈子的一个记忆财富。

音乐的力量可以成就一个人，并能通过这个人影响周围的一个群体。2013届杨淼同学钢琴达到演奏级水平并在全国获奖，学校根据她的特殊情况，为她开放阶梯教室或音乐教室，让她有更多机会训练演奏。而她每天晚上练习弹琴要3小时以上，还能保质保量完成各科作业，学习状态昂扬向上，学习成绩保持优秀。这给了班级同学和年级同学一种强烈的心理暗示，人的潜能真的非常大，苦其心志之后会有巨大的成功在向你招手。学校还创造条件在上海城市剧院为她举办了一场个人钢琴演奏会，获得圆满成功！自信心大增的她，最后以全国钢琴专业第一名的成绩和重点大学文化课分数线的优秀成绩，被上海音乐学院录取继续深造。她的成功经历在学生的心湖荡开美丽的涟漪，为其他学生的发展提供了一个正向的心理范式。

部分铃声乐曲列表

编号	歌曲	编号	歌曲
1	《美丽的蓝色多瑙河旁圆舞曲》	20	《乘着歌声的翅膀》 Op.34, NO.2
2	《第 5 号 F 大调小提琴奏鸣曲》 （作品 24 号）	21	哈萨克族民歌《玛依拉》 王洛宾改编
3	《小步舞曲》作品号 K.334	22	《长江之歌》 曲 / 王世光 词 / 胡宏伟
4	《Jesu, Joy of Man s Desiring, BWV 147》	23	黄自《踏雪寻梅》
5	《鳟鱼》五重奏 op 114	24	新疆塔塔尔族民歌 《在那银色月光下》
6	《小星星变奏曲》 （C 大调作品第 K.265/300e）	25	《珊瑚舞》 曲 / 吴祖强、杜鸣心
7	《百鸟朝凤》任同祥改编	26	《送别》 曲 / 李叔同 词 / 李叔同
8	古曲《彩云追月》	27	尹克荣《小白船》
9	小提琴协奏曲《梁祝》 何占豪、陈钢作曲	28	王立平《大海啊，故乡》
10	江南民歌《紫竹调》	29	海顿《降 E 大调小号协奏曲》
11	古曲《春江花月夜》	30	贝多芬《G 大调小步舞曲》
12	《牧童短笛》 贺绿汀作曲	31	莫扎特 《D 大调双钢琴奏鸣曲 K448》
13	《茉莉花》	32	普罗修斯卡《单簧管波尔卡》
14	古曲《平湖秋月》	33	柴可夫斯基《西班牙舞曲》
15	罗西尼《弦乐奏鸣曲》 NO.4 第三乐章	34	巴达捷夫斯卡《少女的祈祷》
16	莫扎特《g 小调第四十交响曲》	35	埃米尔·瓦尔德退费尔 《溜冰圆舞曲》
17	《阿莱城姑娘》第二组曲终曲	36	巴赫 《b 小调第二管弦组曲·谐谑曲》
18	《爱的礼赞》	37	芭蕾舞剧《白毛女》 选段《窗花舞》
19	《卡门序曲》	38	弦乐合奏《月亮代表我的心》

2. 教师的心理空间建设

形成融洽和谐的师师关系、师生关系是构建良好的校园人际环境的关键，而其中教师的心理空间建设具有主导作用。

（1）对全校教师的精神引领，促进师师之间的人际和谐

教师的精神引领也是属于教师心理空间建设范畴，强大的心理来

自对生活的热爱，对美好的感悟，正确的三观影响。只有拥有积极向上心态的教师，才能学高为师，身正为范，才能为同事所接受，为学生所爱戴。

每年新年伊始之际，学校都会组织教师去上海大剧院享受新年音乐盛宴，引领教师对美妙的轻音乐的热爱。每个季度的电影欣赏，好的话剧的分享，多种文化沙龙讲座也成为了学校多年来的惯例，成为教师们放松自我、提升修养、修身养性的方式，成为教师交流热议的话题，成为教师洗涤心灵的依托。

阅读，更是一种精神福地的栖居，一种灵魂的皈依。好书，可以是一股源源不断的清泉，润泽灵魂，喜悦生命，福泽他人。近年来，学校为教师购买"现代教师读本"丛书，《给教师的建议》《讲台内外》《松土集》《好教育，好人生》《教学生活得像个人》《共沐和美》《陶行知与上海教育》《教育的姿态》《中国教育》等几十本专业成长书籍以及《当幸福来敲门》《品三国》《论语心得》《杨万里》《世界美文观止》《平凡的世界》等几十本文史书籍。要求全体教师利用假期撰写读书笔记，学术委员会评出相关奖项，新学期第一次教工大会颁奖并作读书交流。寒暑假读好书活动学校已经坚持多年，腹有诗书气自华，这是田园老师们书香气质最真实的写照。

有特色的组室文化建设也是非常重要的教师心理空间建设的手段。如语文组和英语组，先后被评选为上海市巾帼文明岗，语文组坚持了十几年的春季文化采风活动是书香田园建设系列活动之一，以动人的笔墨真实地记录下采风收获，犹如田园的一股静静流淌的文艺清流，润泽着教师，也影响着学生。英语组的老师在学校里更具有一种兼收并蓄、中西合璧、感情丰富、顾盼生辉的气质，这种文化特质，来自英语学科素养，来自教研组融合的教研氛围，来自学校的制度文化。每学期出版的田园英语报成为英语组一大亮点，得到本市英语教育专业人士高度评价。别出心裁的集体徒步活动和中西文化思想碰撞交流研讨采风体验更是促进了英语组全体老师的凝聚力，激发了英语课堂教学的创意。

【附录】

语文组组织师生春季采风活动

"读万卷书"之后再"行万里路"，师生践行先贤的"行知合一"文化传统，学校每年春季组织全体语文教师到申苏浙皖等文化胜地采风，实地考察文化名胜，参观大好河山，撰写心得文章，出版校报专版，教师勤于下笔作文，勤于文学文化创作，营造浓郁的"书香田园"氛围，感染学生；每年假期组织部分学生赴周边各地文化采风，撰写参观感受，抒发人生感悟。

采风古指对民情风俗的采集，特指对地方民歌民谣的搜集。"世之君子，当不讳之朝，思采风之义，史失而求诸野，闲中一寓目焉，未必不兴发其致君泽民之念也。"从刘若愚的解释中我们不难读出"采风"的深层含义——"求诸野"的闲情逸致中包含了"致君泽民"的理想。

语文教师在校园文化建设上应起到"先锋连队"的作用，他们不仅要"授业解惑"，更要"传道布道"，而这个"道"是人生宇宙的最高境界，是鲜活丰富的，是多姿多彩的，不域于一时一地，不域于一篇一章，不是死抱着教材的六册书，不是照本宣科的依纲而行，于是"采风"水到渠成。2005 年，我校成为"陶行知教育实践基地"，"行是知之始，知是行之成"，我们需要的就是"行知合一"的精神和文化，我们需要在辛勤的"行"中提炼智慧的"知"，又根据"知"来指导"行"。

采风活动使课本内外一位位优秀作家由简单的名字外化为触手可及的朋友，一篇篇情志深切的作品，一个个跳跃搏动的灵魂，老师们践行的就是"文学即人学"的思想，作品中有"客"——古圣先贤，名胜故迹的对话；有"主"——自我的观照与思考，时代的审视和反思。这岂不就是秉承汉赋"主客问答"式的文学形式，岂不就是继承元白"文章为时而著"的文学主张。王老师在春晖晚晴山房旁徜徉的执著；小李老师在嵊州戏台下"倚歌而和之"的雅韵清风；罗老师、曹老师在曹娥庙中再次感悟"子欲孝而亲不待"的砭人肌骨的痛；大李老师一篇《白马赋》吊唁朱自清先生，仿佛相识很久，却又咫尺天涯；孙老师、屠老师往往归途起草，文思洋溢，落车成文，曹子建不外如此吧；我自己亦有几次参与雅聚，温一壶黄酒，对一河夕晖，歌一阕《永遇乐》，信可乐也……化用刘若愚的说法，课本中缺失的学问我们"求诸野"，在闲情逸致中思考更有特色的写作和文化化育与熏陶。

采风的广阔空间，滋润了师生的文学灵气，丰润了师生的文学心田，增强了语文组的凝聚力，激发了集体竞争意识，促进了人际关系和美，老师们在进取状态中展现最好的自我，也结出了丰硕的成果，建校以来的 14 年时间里，共计出版学生个人文学作品书籍 6 本，师生共计正式出版书籍 16 本，还有一批编印书籍，在办学史上，留下了师生成长发展的足迹。

田园高中教师 10 年春季采风一览表

年份	目的地	采风重点
2006	西塘风景区	走过雨巷，水乡风情
2007	乌镇风景区	参观茅盾故居
2008	江苏镇江	京口北固山怀古
2009	浙江绍兴	兰亭追怀，鲁迅故居
2010	上虞白马湖景区	春晖中学，追怀朱自清等
2011	嵊州景区	越剧梨园风情
2012	扬州瘦西湖	二十四桥，杜郎俊赏
2013	诸暨西施故里	吴越文化，名媛事迹
2014	滁州琅琊山	醉翁之意
2016	江苏张家港	河阳山歌

事实证明，阅读与写作可以使学生感受作品中的美育因素，在感染美、接受美、创造美的过程中健康成长。2013 届张同学上完高一，因为学习上遇到了压力，造成了较严重的情绪抑郁在家休养。家访中发现了他爱看书爱写作的特点，就鼓励他可以用写作表达思想情感。一年休学结束，他写了 300 多篇文章，最后出版社选择了 66 篇文章，出版了《花

开的声音》一书。书出版后，他自信心大增，告诉我自己已经克服了心理上的障碍，走在了阳光里。最后以494分的裸考高分被同济大学社科学院实验班录取，一年后经过选拔，公派赴台湾文化交流半年。

在教师的引领下，学生当中的文学爱好者开始像田园的葵花小苗一样苗壮成长，他们用自己独特的青春视角思考这个世界，思考生活中的真善美。他们感悟着语文文学中的种种美丽，在田园取得他们终生铭记的成功，沐浴着成功的幸福。建校14年里，共有6位学生出版自己的个人文集。

作者姓名	作品名称	类别	备注
凌姗姗	《我所认识的这个世界》	个人文集	中央民族大学出版社出版
张奕霜	《微笑着面对阳光》	个人文集	中国时代出版社出版
金城安	《见山还是山》	个人文集	中国戏剧出版社出版
张振贤	《花开的声音》	个人文集	中国戏剧出版社出版
马锡尔	《诗意栖居的青春》	个人文集	山西教育出版社出版
高玮明	《海边的拾贝人》	个人文集	九州出版社出版

以教师采风为例，2006年到现在，我们从西塘雨巷到枕水乌镇，从西施故里到绍兴兰亭，读万卷书行万里路，采风文章已累计百余篇，达十余万字，出版了教师春季采风文集《江南可采莲》。今后改在秋季采风，计划有一定积累后出版《采菊东篱下》。另外，全体教师合作出版《田园牧歌》等文集多部，5位教师出版个人文集或书籍。教师采风活动大大提升了学校的文化内涵，提供了鲜活的教学素材，同时极大地增强了教师的成就感与获得感，丰富了教师的精神世界和心理宽度。

田园高中教师编印和出版书籍一览表

书名	时间	作者	出版社
《现代学校管理规程》	2003.12	教师发展中心	
《探索者的足迹》	2006.09	全体教师	中央民族大学出版社
《田园人文读本》	2006.12	语文组教师	
《现代学校管理规程》	2007.12	教师发展中心	
《前进中的田园高中》	2008.11	全体教师	
《田园牧歌》	2009.01	语文组教师	大众文艺出版社

书名	时间	作者	出版社
《源头活水》	2009.03	语文组教师	
《心理发展向导》	2009.09	学生发展中心	
《课程校本化实施方案》	2009.12	教学处	
《山那边，海这边》	2009.12	王翼兴	中国戏剧出版社
《以美辅德》	2010.02	全体教师	
《以美益智》	2010.02	全体教师	
《思考与实践》	2010.02	全体教师	
《感悟与成长》	2010.02	全体教师	
《理想进行曲》	2010.09	全体教师	
《错别字病句大全》	2010.09	辜爱兰等	广西师范大学出版社
《石膏素描头像写生教程》	2011.10	陆振权	吉林美术出版社
《中外百幅名画赏析》	2013.02	陆振权	
《田园故事》	2013.08	全体教师	中国文史出版社
《智慧者的耕耘》	2013.08	全体教师	中国文史出版社
《美育引领和谐发展的学校教育》	2013.08	陆振权	中国文史出版社
《成长空间》	2013.08	全体教师	
《遇见可能的自己》	2014.01	全体教师	
《现代学校管理规程》修订版	2014.05	教师发展中心	
《江南可采莲》	2015.01	语文组教师	光明日报出版社
《走在大路上》	2015.01	全体教师	
《邂逅戏剧》	2017.12	韩磊	山西教育出版社

（2）对全校教师的精神引领，促进师生之间的人际和谐

教师是学生的榜样、楷模，教师的一颦一笑、举手投足都会给学生以较强的影响。因此，学校应在着装、仪表、行为上对教师有明确的规范和要求。教师应充分显现出较高层次的文明素养，在教学中，教师要注意避免以学科的成绩给学生排队，以减少学生间的恶性竞争，消除学生的妒忌、仇视的心理因素；教师还应增加学生的合作学习机会，使他们长期处于友好合作的学习氛围中，建立亲如兄弟姐妹的和谐关系。形成良好和谐的师生关系是实施和谐教育、"和美"教育的前提，师生之间应该是相互交流、相互启发、相互补充，老师和学生要分享彼此的思考、经验和知识，交流彼此的情感、体验与观念，实施教学相长和共同发展。教师要理解学生、尊重学生，宽容、平等地对待每一位学生，建立一种互相信任、和谐共处的良好师生关系。

【附录4】

"三房一厅"空间建设

　　田园的"三房一厅"空间建设，是指学校在有限的校园空间里，建设成教师的健身房、淋浴房、乒乓房和咖啡厅的简称。

　　随着学校办学定位的创意特色发展，学校原有的教师办公室"腾笼换鸟"，建设成为学生创意课程所需要的时空——十大创意工作坊，而教师们则集中在三个教室里集体办公。

　　集中在一间教室的二十多名教师集体办公，对于教师的私人空间是一种很大的挑战，教师之间难免会有各种干扰和影响。为此，学校想尽办法，为教师的开辟私人活动空间。

　　将教学楼原有的四楼的一

个教师专用小厕所，改造成了教师的健身房，满足教师锻炼身体需要。将原有二楼的厕所改建成淋浴房，配备了热水淋浴器、洗发露、护发素、沐浴露以及吹风机等，满足教师健身、运动后的冲淋，然后清清爽爽、干干净净回家去。

乒乓球是我国的国球，乒乓球运动是老少皆宜的球类运动，由于学校建筑规模较小，在保证满足学生的各类课程学习空间后，学校千方百计为教师建设一个可供放松、娱乐、锻炼的空间。勘察了学校所有空间后，我们找到学校五楼屋顶上的平台这唯有一处可改造利用的空间，自筹资金，辟建两间教室，一间用来上课，一间用来做乒乓房。让教师在工作之余，特别是中午和傍晚，可以通过打乒乓球放松身心，锻炼身体。

而咖啡厅，则是将原来一个年级组班主任办公室改建而成的，里面放置了大量书籍，配上了温暖的灯光，完全按照社会上营业的咖啡厅布置，温馨舒适，清静宜人。教师们可以在咖啡厅看书、备课、下棋、批改作业等，也可以什么也不做，放空自己。每天进入咖啡厅还可以免费

教工之家——咖啡吧

品尝一杯咖啡，愉悦了心情，放松了精神，教师们都非常喜欢，也让每次来校学习的教育同仁羡慕不已。

三、田园心理空间影响力

学校的物质空间直接影响着师生的心理空间。同时，学校的人文环境建设，也潜移默化影响着师生的心理空间。如"行知精神""葵花文化""仁山智水""师德八训""每位学生天生有才，每位学生各有精彩"的学生观等，都无不影响着师生的心理、思想和言行。

办学 14 年来，学校师生心理状态调适和谐融洽，在和谐美好的校园空间里，一小部分师生的不良心理状态渐渐消失，取而代之的是积极正向的心理状态；师生的一些心理偏差，也在和谐融洽的校园空间里渐渐被纠正。我校在心理教育方面的科研成果也很丰富，教师的德育心理案例、论文和课题多人次获得市级和区级等第奖项。

【附录 5】

导师伴我共成长

2012 年 10 月开始，我校全面实施"全员德育"导师制。在这一活动中，导师们按照试行方案，采取集中交流、个别谈心、学习辅导、思想沟通、短信提醒、与家长电话联系、上门家访等各种形式开展导教工作，明效大验，对学生成长的引领作用显而易见。

黄老师是位信息教师，她充分利用年轻的优势，通过导师这个亦师亦友的关系，去关注学生的成长，目睹学生的进步。在黄老师所教的这 5 个孩子中，每个孩子都个性张扬。高一（1）班的吴同学，个性开朗，活泼乐观，酷爱摄影，也善于钻研，经常与老师分享拍摄的照片，探讨摄影的技巧。她的取景视觉独特，给人耳目一新的感觉，其摄影作品曾刊登在学校《二月》杂志封面。自从与黄老师结对后，她生活的热情、学习的积极性更高了。即使遭遇家庭变故，在黄老师的帮助下，她更加勤奋好学，迎头赶上，同时利用暑假勤工俭学为家里分担困难。看着学生的成长，黄老师感到由衷的高兴。

高一（2）班的叶同学，从外地刚转入上海就学，离开父母独自开始寄宿生活。或许缺少家庭的关爱和呵护，孤独感、无助感在学习基础差、学习压力大等问题下被无限放大，很长一段时间陷入低落情绪而无法自拔。黄老师主动找他聊天谈心，开导鼓励他，并在生活上给予无微不至的关怀，让叶同学感受到了学校的温暖。

作为一名导师，在学生的成长道路上，时刻关注着他们的成长，从高一入学协助学生设计高中三年规划，到即将步入高三前的生涯指导，让学生学会如何为人处事，不断提升自我。导师工作对教师来说，有欢喜，有收获，更多的是充实。从刚刚开始接触这些孩子，到慢慢走进他们的生活，融入他们的世界，这个过程正是导师帮助学生从懵懂走向成熟的过程。作为导师，就像学生成长过程中的指南针，引领他们向着明天奔跑。

第六章 办学空间学的课程维度

智利诗人加布里艾拉·米斯特说："有很多我们需要的东西是可以等待的。孩子却不能等待。他的骨骼在不断形成，他在不断地造血，他的大脑在不断发育。对于他，我们不能说明天，他的名字叫今天。"育人在于当下，作为承担"教书育人"主要阵地的学校，其当务之急是开发建设卓有成效的课程教育，让学生拥有可以拥抱明天的核心素养。

一、校园课程空间界定

课程，是学校一切活动的总和，是学生得以全面健康成长的主渠道。课程空间包括有课程目标、计划、开发、实施、评价、管理等方面的元素，并存在课程层级、课程类型和课程模式等内在联系，是一种资源整合型、体系联动型校园空间。课程是教育的设计图纸，是教学的演奏乐谱，学校有什么样的课程，就培养什么样的人才。所以，课程具有国家统一性，特别是基础教育阶段的课程，更具有国家的强制性。

我校是一所 2003 年创建的区属公办的普通高中，学生是本区同届高中生 60% 以下的生源质量。

身处国际化大都市，面对异常激烈的竞争，学校既要满足每个家庭的理想要求，让孩子顺利升入高等学府继续深造；又要坚持实施素质教育，让每个孩子的身心健康成长，潜能得到充分发挥，成为最好的自己；

还要为社会进步、为国家富强培养合格的建设者和接班人，那如何实施学校课程，才能让这三者目标都能得以实现？

所以在学校课程空间构建过程中，要充分认识到国家的强制要求，地方的特色需求，以及学校办学理念、文化背景、办学条件等具体情境条件，明确课程建设的目标，并根据不断变化的课程情境丰富课程门类，调整课程实施与评价方式。

二、田园课程空间建设

田园高中在"美育引领，和谐发展"的办学理念指导下，落实"为每一位师生创设发展的空间"的办学宗旨，实现"教育为了人的幸福"的教育目标，凸现"以美辅德、以美益智、以美健体、以美养性"，建成富有美育创意特色的课程方案与扎实有效的课程教学。

学校以《国家中长期教育改革和发展规划纲要》和《上海市中长期教育改革和发展规划纲要》为指导，坚持科学发展观，坚持全面贯彻党的教育方针，尊重学生身心发展规律，遵循教育规律，提出"美育引领，和谐发展"作为办学的指导思想，提出为了每一位学生的终身发展和幸福奠基的教育宗旨，培养学生具有求真的科学素养、向善的人文精神、爱美的审美情怀，成为具有健全人格和强烈社会责任感的社会主义合格建设者和接班人。

以美育创意特色课程建设为抓手，从美育入手，以美启真，以美入善，以美化情，构建"以美辅德"的德育教育新机制；注重课程渗透美育，创设开发学生不同潜能的个性课程；注重环境育人研究，整体优化育人氛围，承认并尊重学生个体差异，鼓励学生个性充分发展，实现学生多元、特色、可持续发展的多渠道成人成才；以创新精神与实践能力为重点，突破一般意义上的"尖子生"选拔再加工的旧模式，探索创意创新人才早期发现和培养的新模式、新机制，最终形成学生个体充分发展基础上的学生群体的全面和谐发展，创造"和而不同、各美其美、美美与共"的育人状态，学校成为处处有创意、时时能创意、人人爱创意的美育创意特色高中。

1. 三类课程架构

学校在保证基础型课程有效实施的同时，强化三类课程同步发展。将"美育引领、和谐发展"的办学理念渗透到校本课程的建设之中，将其转化为具体的课程门类。这些课程不仅立足于满足学生学科知识的学习需求，而且立足于满足学生个性发展的需求和社会多样化发展的需求。因此以课程建设为保障，在教学中以美益智，提高教学有效性。在拓展型、研究型课程中将美育创意特色做强，形成系列。

根据学校实际情况，建设特色课程和强势课程，进一步细化学校课程建设规划，架构具有本校特色的课程体系，提高课程建设水平，以课程建设促进学校内涵发展。我们提出"基础性课程人人过关，拓展型课程各展所长，研究性课程认真经历"的课程理念和目标。

（1）"美育系列"普及课程

除了各学科中渗透美育"以美益智"以外，学校还开设有美育必修课程。其中面向全体学生的有每周一节的"音乐美术欣赏"课程、"新年音乐会欣赏"课程、"中华艺术宫、上海博物馆、电影博物馆的艺术场馆参观"课程、"人文读本"课程、"百幅中外名画赏析"课程、"学校主题园地建设"课程等；针对高一新生的"课本剧表演"课程、"如雅"国学讲座系列；针对高一高二年级的"陶行知和蔡元培思想"课程；此外，学校还创新性地将每周上下课铃声设立为"中外名曲欣赏"课程、将每天中午歌唱十分钟设立为"每周一歌"课程，让"美育"课程渗透到学校的每一个角落，陪伴学生轻松愉快地度过高中三年。

（2）"美育系列"拓展型课程

学校"美育系列"拓展型课程包括音乐乐理和视唱、美术（素描、

色彩、速写）、话剧表演、英语戏剧、主持与演讲、编导、摄影、体育健身、古诗文赏析、欧洲经典油画欣赏、现代艺术设计、形体塑造、计算机图像设计、影视欣赏和影评、中外文化交流课程等。

（3）"美育系列"研究型课题

"美育系列"研究型课题针对不同年级分为：高一人文类课程；高二科学类课程；高三社会调查课程。学生所做的部分课题有：城市环境雕塑的现状分析、动漫电影中配乐对情节发展的作用、东北二人转的研究、汉代以前玉器欣赏、从石库门看上海城市变迁、高中校园环境调查、意大利经典绘画研究等。

【附录6　国学讲堂的课程方案】

<h2 style="text-align:center">如雅国学大讲坛</h2>

——大学教授进中学　国学雅韵慧校园

一、指导思想

教育部《完善中华优秀传统文化教育指导纲要》指出："在课程建设和课程标准修订中强化中华优秀传统文化内容。围绕中华优秀传统文化教育的主要任务，适时启动课程标准修订和课程开发的研究论证、试点探索和推广评估工作。在中小学德育、语文、历史、艺术、体育等课程标准修订中，增加中华优秀传统文化内容比重。"为此我校开设国学雅韵大讲堂，拟请上海各大高校的资深国学专家，用高中生能接受的方式，讲授中国传统文化，引导他们了解中国传统文化，体验中国传统文化，喜爱中国传统文化。回头望自身，放眼看世界，让中国传统文化的灵根，重新植入这些幼小的心灵，重拾民族价值，振奋民族精神。

二、课程目标

通过国学雅韵大讲堂，践行我校"和美"育人的课程设计，使我校成为建设中华优秀传统文化教育示范基地。通过国学雅韵大讲堂，培养中华优秀传统文化教育师资，开发中华优秀传统文化教育校本教材，发展中华优秀传统文化教育艺术团体，提升我校中华优秀传统文化教育品质，引导我校学生更加全面准确地认识中华民族的历史传统、文化积淀、基本国情，认清中国特色社会主义的历史必然性，坚定走中国特色社会主义道路、实现中华民族伟大复兴中国梦的理想信念，争创中华优秀传统文化教育先进。

三、育人理念

发现本心：心灵健康教育。

成就本事：博雅通识教育。

守住本分：全人格教育。

四、授课对象

全体高一学生和部分教师。

五、课程成果

根据讲堂的录音和讲稿，学生听课的感受，结集出版学校国学雅韵校本教材，主讲专家审核。

六、课程安排

利用高一年级社团课、研究型课，在我校小剧场以讲坛的形式，讲授中华传统文化，时间为期 2015 学年，课程安排如下：

学校 2015 学年国学雅韵大讲堂

序号	时间	主讲内容	主讲导师	备注
1	10 月 9 日（第 6 周周五） 15:00—16:30	中国礼乐文化	杨赛副教授	
2	11 月 6 日（第 10 周周五） 15:00—16:30	品读论语走近孔子	田晓红教授	插播

序号	时间	主讲内容	主讲导师	备注
3	11月13日（第11周周五） 15:00—16:30	闲话读书江南文化	顾文豪教授	
4	11月16日（第12周周一） 16:00—17:00	李白与中国文化精神	胡晓明博导	读书节开幕式
5	11月27日（第13周周五） 15:00—16:00	读书与做人	曹旭博士	
6	11月30日（第14周周五） 13:00—14:30	中国的科举考试	彭国忠博导	
7	12月11日（第15周周五） 15:00—16:30	论语——当代圣经	刘定一教授	
8	3月11日（第4周周五） 15:00—16:30	中西文化大不同	今波	著名节目主持人
9	3月25日（第6周周一） 15:00—16:30	建筑里的中国文化	杨瑛	上海开放大学文学艺术系讲师
10	4月1日（第7周周五） 15:00—16:30	歌唱古诗词的发声技巧与方法	梁彬	歌唱家
11	4月22日（第12周周五） 15:05—16:35	风雅中华诗词歌曲钗头凤排演	杨赛	上海音乐学院副教授
12	5月20日（第14周周五） 15:00—16:30	东西相映的光辉——孔子与苏格拉底	郭时羽	古籍出版社
13	5月27日（第15周周五） 15:05—16:35	关于"打油诗"的古今演变	黄仁生	复旦大学

学校2015学年太极雅堂

序号	时间	备注
1	9月28日（第5周周一） 16:00—17:00	太极导师： 郭小华，陈氏太极拳第二十一世正宗传人，中国武术六段，国家武术一级裁判。 参加对象： 高一读书社团学员部分教工，总人数约25人左右。 训练场地： 晴天：校园操场
2	10月12日（第7周周一） 16:00—17:00	
3	10月19日（第8周周一） 16:00—17:00	
4	11月9日（第11周周一） 16:00—17:00	
5	11月23日（第13周周一） 16:00—17:00	
6	12月7日（第15周周一） 16:00—17:00	

续　表

序号	时间	备注
7	2月22日（第2周周一）15：50—16：50	
8	2月29日（第3周周一）15:50—16:50	太极导师：郭小华，陈氏太极拳第二十一世正宗传人，中国武术六段，国家武术一级裁判。参加对象：高一读书社团学员部分教工，总人数约20人左右。训练场地：雨天：底楼椭圆中厅晴天：校园操场
9	3月7日（第4周周一）15:50—16:50	
10	3月14日（第5周周一）15:50—16:50	
11	3月21日（第6周周一）15:50—16:50	
12	3月28日（第7周周一）15:50—16:50	
13	4月11日（第9周周一）15：50—16：50	
14	4月25日（第11周周一）16:00—17:00	
15	5月8日（第13周）	城市剧院表演

【附录7】

拓展课话剧的课程方案

课程名称：话剧特色课程

课程开发者：韩老师

授课对象：高一学生

课程类型：拓展课程

教材情况：自编

具体方案：

一、课程设计理念及思路

（1）校本课程是国家课程的必要补充。国家课程开发注重基础性和统一性，而校本课程开发则充分尊重和满足广大师生以及学校教育环境的独特性与差异性，特别是使学生在国家课程中难以满足的那部分发展需要得到更好的满足。

（2）校本课程是满足学生个性发展的需要。如果说国家课程能够满足学生全面发展的需要，那么，校本课程就能够满足学生个性发展的需要。尤其是话剧特色课程，能够满足每一个有表演特长学生的需要，最大限度地符合学生的性格、生活经验与文化背景。

（3）校本课程是促进学校特色发展的需要。校本课程承载着一所学校的文化价值取向，这种文化价值取向会逐渐沉淀成一所学校的特色。所以，特色学校只有用高质量而富有特色的校本课程做支撑才具有长久的生命力。

二、课程目标

通过开设话剧特色课程，首先使学生明确话剧剧本写作的形式，懂得矛盾冲突是话剧艺术的生命，学生能够写一些简单的剧本；通过舞台表演，充分挖掘学生在表演方面的潜能，使学生的肢体动作、语言表达、神情态度达到完美的结合，体验舞台艺术的巨大魅力；通过更深层次的艺术感悟和指导，在学生心中种下感受美、领悟美、热爱美、创造美的种子，期望对学生的健康成长及人生态度产生积极的影响。

三、课程主要内容及具体安排

1. 主要内容：

通过查阅资料，学生知道话剧艺术的渊源历史；通过观赏经典话剧，学生明白从人物肢体语言、语言对白、神情态度等方面欣赏人物性格，从道具、灯光、音响等方面欣赏舞美效果；通过编写话剧，懂得话剧创作的基本规则；通过舞台表演，亲身体验感受话剧艺术的魅力。

2. 具体安排：

主要负责编写者：韩老师

第一讲：话剧艺术的魅力及渊源

第二讲：欣赏经典话剧

第三讲：欣赏经典话剧

第四讲：开发学生无穷创造力与想象力练习

第五讲：开发学生无穷创造力与想象力练习

第六讲：确定主题，编写话剧

第七讲：编写剧本

第八讲：选定角色，舞台表演

第九讲：舞台表演练习

第十讲：舞台表演练习

第十一讲：舞台表演练习

第十二讲：舞台表演练习

第十三讲：舞台表演练习

四、检测与评价措施

写一篇鉴赏文章，检测学生欣赏能力；写一个小剧本，检测学生语言运用与想象力；演一台小话剧，检测学生表演能力。

2.创意特色课程架构

2015 年，学校正式开始了建设上海市创意艺术特色高中的征程，创意特色课程架构成为学校特色课程建设的基础。

（1）通识创意课程

A. 基础型课程

除了学科创意渗透外，我们还编制了美育创意通识课程，学生需要学会欣赏 100 幅名画、会唱 100 首歌曲、阅读 100 篇美文。

B. 拓展型课程

各类创意社团、十大创意工作坊、创意拓展课。

C. 研究型课程

创意研究、创意设计、创意研发。

高一：人文创意素养类课程

目标：培养文创素养

走班体验，通识教育（两周）；双向选择，体验激发。

高二：科学创意设计类课程

目标：具有科创设计能力

实践体验，系统教育；专业培养，初定发展方向。

高三：社会生活创意实践课程

目标：创意应用研发能力

研发体验，专业教育；高高贯通，确立志向。

（2）十大创意工作坊精品特色课程

在课程建设上，创建了高中生"3+1+1"人才培养模式。在学历教育每周35课时语数英三门主课加一门选课外，还添加一门文创工作坊的实践性课程。我们更注重学生的动手实践能力，培养他们创意创新能力。课程将以任务驱动形式，通过项目化的实施，在课程结束后以成果展现形式向公众开放汇报。

经过多年的教育实践经验总结，我们发现，在文创方面取得优秀成果的学生，文化课表现也非常不错；而原来文化课成绩不理想的学生，通过工作坊课程的学习后，文化课成绩也跟着提高，甚至在某些方面的

创意特色课程－2

天赋超过一般学生，高考都被理想的学校录取，田园高中的升学率也逐年上升。这跟运用艺术的形象思维有很大关系，我们开玩笑地称呼这种现象为学校办学的制胜之道——"先换道，后超车"！

创意工作坊	领衔教师	课程名称	类别
创意设计工作坊	毛老师	创新设计理论与方法	设计
创意设计工作坊	黄老师	创意广告设计	设计
服装创意工作坊	史老师	时装与功能性运动装设计	设计
服装创意工作坊	苏老师	用户体验与服务设计	设计
动画创意工作坊	孟老师	3D 动画、数字产业	影音
动画创意工作坊	张老师	游戏和影视中的动画技术	影音
音乐创意工作坊	周老师	当代和声技巧	影音
音乐创意工作坊	居老师	MIDI 音乐制作理论与实践	影音
音乐创意工作坊	杨老师	经典影视作品音乐演奏	影音
戏剧表演创意工作坊	韩老师	戏剧人物表演形象塑造	表演
播音主持创意工作坊	付老师	即兴评述技巧	表演
播音主持创意工作坊	张老师	播音与主持技巧	表演
微电影创意工作坊	黄老师	影视作品拍摄与剪辑技术	新媒体
微电影创意工作坊	陆老师	影视制作创新方法与应用	新媒体
创意摄影工作坊	何老师	创意拍摄技巧	新媒体
创意摄影工作坊	王老师	摄影色彩与构图	新媒体
机器人创意工作坊	王老师	机器人程序设计与运用	艺术科技
创意策划工作坊	刘老师	创造性领导力思维	社会科学
创意策划工作坊	吴老师	创意团队管理	社会科学

　　确立十大创意工作坊精品特色课程之后，我们着手校本教材的编写。经过校本教材编写领导小组会议研究，我们制定了校本教材编写的格式和要求，并且提供校本教材编写范例，供编写教师参考。经过老师们的辛勤工作，校本教材已集结出版，为课程的实施提供了保障。

三、课程空间影响力

（1）丰富多彩的课程，有效提升学生美育素养

多年来，学校以课程建设为保障，在教学中以美益智，提高教学有效性。在拓展型、研究型等课程中将美育特色做强，初步建成了富有美育特色的系列课程。根据学校实际情况，进

创意特色课程-3

一步细化学校课程建设规划，架构具有学校特色的课程体系，提高课程建设水平，以课程建设促进学生美育素养的提升。

A.拓展型课程建设上，经过多年实践和发展，逐渐成为我校校本课程建设的"美育"特色亮点。学校提供三类拓展型课程供不同学生选择，这些课程体现学生的不同基础、不同层次、不同特长，不同潜力的需求，满足了学生个性发展的多样化需求。目前，话剧表演、美术、摄影、音乐、合唱、编导、主持与演讲、形体训练、英语文学赏析、英语戏剧等美育特色课程已经形成特色，每年有一大批学生通过这些美育课程进入到各类本科院校继续深造，学生多次获得上海市一、二、三等奖。学生、家长、同行对学校的特色课程建设认可

教工戏剧沙龙表演

度、满意度高。

B.在研究型课程建设上，主要注重将美育知识综合运用，形成积极的学习态度和良好的学习策略，培养创新精神和实践能力。例如我校开设的部分研究型课程：城市环境雕塑的现状分析、动漫电影中配乐对情节发展的作用、东北二人转的研究、汉代以前玉器欣赏、从石库门看上海城市变迁、高中校园环境调查、意大利经典绘画研究等。

C.在社会实践等综合课程上，通过综合社会实践活动以及志愿者活动、学生艺术社团活动、每周一歌、走进音乐会博物馆、才艺秀、读书节、美育节等各种主题教育活动，以及"阅读百篇美文，会唱百首歌曲、赏析百幅名画"的"三百"美育课程，在审美实践中提高学生发现美、欣赏美、创造美的素养。

（2）以人为本开发校本课程，满足学生差异学习需求

课程是一所学校的核心竞争力。课程的实施途径是课堂教学，学校的一切活动都要通过课程来实现。

校本课程开发的意义：一是促进学生个性发展；二是促进教师专业发展；三是促进学校特色形成。促进学生的个性发展是校本课程开发的出发点和落脚点，是校本课程的终极目标。

教育作为培养人的活动就是要使每个人的个性得到充分而自由健康的发展，从而使每个人都具有高度的自主性、独立性和创造性。校本课程关注每一个学生的不同需求，给学生一个自由发展的空间。具体体现在课程的设置及课程内容的选择和设计上的多样性、课程内容的可选择性和丰富性。

以人为本。传统的课程强调学科知识，忽略了学生作为一个活生生的人的真实体验。校本课程的开发注重学生的生活体验和学习经验，课程实施中强调学生发展的主体性、主动性。关注每一个学生发展的差异性。让每一个学生都成为与众不同的主体，满足每一个学生不同的发展需要。

给学生留下空间。个性的发展需要一定的自由空间。学生作为校本课程开发的主体之一，有课程决策的权利。课程开发是一个动态的、不断完善的过程，课程内容和结构都在师生互动中完成。尊重学生的兴趣与经验，让学生根据自己的需要进行选择，为学生的个性发展留下了一个空间。

国家课程是自上而下由中央政府负责编制、实施和评价的课程。它强调人才规格的整齐划一，忽略了学生之间的个体差异。校本课程开发为学生提供了自我个性张扬的现实条件。每一个学生都可以对自己要学的内容作系统安排，根据自己的发展需要形成具有独特性的个别化课程。教师作为课程的组织者与指导者，要研究学生的需要和发展的可能性，注重个别指导，尽可能满足学生不同的需要，从学生经验出发，提供差异性课程，做到因材施教。

课程以学生为中心。校本课程开发是以学生的需要出发的，是为了学生的发展而存在的。学生实际需要什么，成人不一定清楚，校本课程的开发主体之一就是学生自己，更能够从学生的需要出发，精选对学生终身学习必备的基础知识与技能，促进学生的发展。

我校以"人无我有，人有我精，人精我特"为课程建设指导思想，构建学校创意化特色课程体系，实现"三个一"：开发一批创意精品课程，打造一支创意特色教师队伍，培养一批富有创意特色学生，形成学校特色。通过创意课程的开

话剧特色课程

发与实施，使学生具备显著而突出的创意素养和动手能力，使教师具备先进的创新教育理念，形成创意教学风格，适应新时代教育发展和社会发展需求。

（3）建成了学校美育创意特色课程图谱

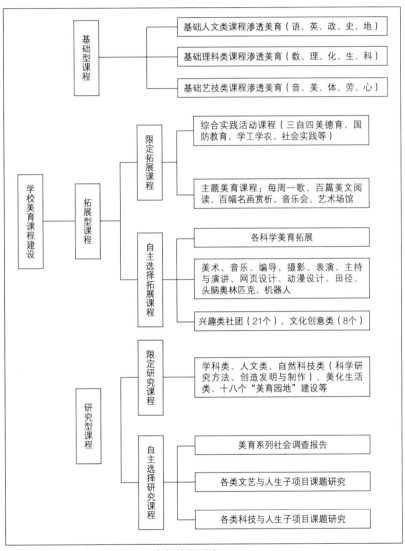

美育课程图表

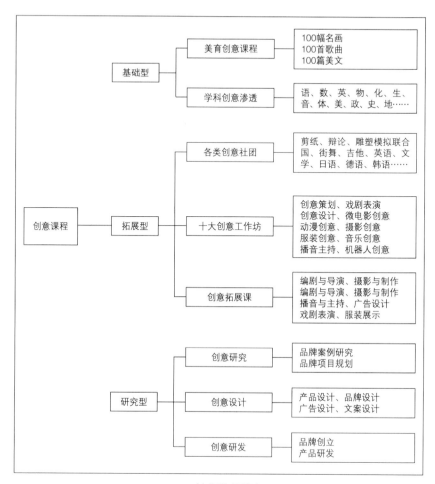

创意课程图表

第七章　办学空间学的课堂维度

学校教育的主阵地在课堂。课堂是学生获取知识、获得能力、经历过程、懂得方法、体验情感、形成态度和价值观的主要场所。提高课堂教学实效性是提高教育教学质量、提升学生素养的关键。

一、校园课堂空间界定

课堂教学是教育教学中普遍使用的一种手段，是一种创造智慧果实的文化劳动，是教师给学生传授知识和技能、探知学习方法、形成情感态度价值观的全过程。在 40 分钟的时间里进行有效的教学活动，对教师的文化素养、思想境界、组织能力、语言能力等有着较高的要求，教学观念陈旧、教学方式僵硬、教学内容枯燥、缺乏师生互动、重考试而轻课本等各种大大小小的问题亟待每一位教师反躬内省，不断完善自我，不断创新教学思路，做到"传道有术、授业有方、解惑有法、教学有趣、学生有获"。

作为教育教学活动主阵地的课堂空间，既有客观物质之维，也有主观精神之维。知识与信息、思维与想象、情感与态度这三者同在共存，形成了一个基于物理性空间而存在的课堂空间的精神维度，又因其精神的性质具有了依存性、生成性、整体性和可感悟性的特征。学生个体精神生命价值的尊重、课堂教学生活境界的重视、教师专业发展的关注是强调课堂空间精神之维的意义所在。重建师生关系，展开对话教学；注重内求与感悟，包容理性与直觉；树立教学理想，追求教育智慧等策略，不失为提升课堂空间精神品质的现实选择。

学生的学习兴趣取决于其学习积极性是否在课堂上被充分调动。作为教师，课前做好充分准备，仔细挖掘教材，把课堂还给学生。减少老师说的时间、范围，给予学生充分的思考讨论时间和探索问题的空间；尽量选择契合学生要求和学生感兴趣的方式方法，便于学生理解和感悟，也能在课堂开始就很好地调动学生积极性；教师需充分利用提问，让提问始终贯穿于整个课堂，增加学生参与度，使学生真正成为课堂主体，在引导方面多下功夫，不提倡灌输，而是靠学生自己提出，自己体会。即使提问结束，也注意点评学生的回答，从回答中引出问题，解决问题。

二、田园课堂空间建设

田园高中自 2006 年开始，坚持不利用双休日、节假日、寒暑假进行集体补课，坚持向每节 40 分钟的课堂教学要质量，为此不断进行三年一规划的课堂教学改进三年行动计划项目研究与实施，实践效果明显，课堂教学质量大幅度提升。

对绿色课堂环境的调查

试题	选项	人数	占比
课堂上，对老师提出的问题思考出答案，但又不敢站起来回答时，你希望	通过自己的示意，老师主动请你回答	26	40.63%
	老师挨个请同学回答，很自然地轮到你	29	45.31%
	自己忍着不回答，等其他同学来答	9	14.06%
在学习方法方面，你喜欢	按照自己的方法来学习	37	57.81%
	老师教给你新的学习方法	24	37.50%
	从同学那里学得新方法	3	4.69%
课堂上遇到难题时，你希望	老师直接告诉你答案	5	7.81%
	在老师的引导下你自己找出答案	36	56.25%
	借助课堂讨论，在与老师、同学的讨论下找到答案	23	35.94%

续 表

试题	选项	人数	占比
完成了老师布置的作业后，你会	主动找其他相关的平行题目做	22	34.38%
	主动尝试相关的难题	19	29.69%
	复习当天的内容，预习第二天的内容	23	35.94%
你认为当前的老师课堂容量	很大，能接受	12	18.75%
	合适	50	78.13%
	不大，太容易	2	3.13%
你认为老师的教学是否面向全体同学？	老师力求每位学生都听懂，速度较慢	24	37.50%
	有70%同学听懂，老师就讲下一个内容	26	40.63%
	老师只照顾成绩好的同学，速度太快	0	0.00%
	老师注意分层教学，对基础差的同学课后辅导；对学有余力的同学布置新任务	14	21.88%
老师指导过预习方法吗？	经常指导	13	20.31%
	曾给全班同学指导过	41	64.06%
	给少数同学指导过	6	9.38%
	从未指导过	4	6.25%
你喜欢在课堂上自主看书学习和思考问题吗？	喜欢	18	28.13%
	比较喜欢	31	48.44%
	喜欢看书但不喜欢思考问题	12	18.75%
	不喜欢	3	4.69%

目前高中课堂的教学方式，主要还是以灌输式为主，不能培养学生的自主学习能力，总是以教师为主体来开展教学活动，学生的学习主体地位难以得到体现，学生的课堂参与情况不佳。通过问卷，我们清晰地看到，对老师提出的问题，有85.9%的学生不能主动站起来回答，总是希望老师来提问；课堂上遇到难题时，56.2%的学生希望老师加以引导或者要求师生共同讨论解决；我们欣喜地看到，76.5%的学生"喜欢"或"比较喜欢"在课堂上自主学习或思考问题；对于课堂容量，有96.8%的学生认为"合适"或"能接受"。

叶圣陶曾提出"教是为了不教"的教育理念，放在21世纪的今天也毫不过时。为了实现高效课堂的改进目标，我们采取了相应的课堂教学改进五大措施：即课堂教学基本要求、学案、四步八字法教学、小组研讨学习、个别辅导，并在教学中全面实施。以翻转课堂为载体，引导学生自主学、一起学、探究学，教师备课的立足点不再是"我想怎么教"，而是从"学生会怎么学"去思考、去实践。教学教学，即教学生学，教师在课堂上更多的是注重学法的指导，考虑学生的全员参与，真正改变教的方式与学生学的方式。

1. 教什么？备课改进——制定学科教学基本要求

一节课到底教什么？很多教师并不明白，所以就会造成有的教师容量不足、难度不高，或者节奏松散、没有坡度，课堂教学的效益就很差。

为了提高课堂教学效益，落实学校提出的课堂教学"四步八字法"，加强备课组合力，教务部门组织备课组制定《课堂教学基本要求》，其目的是通过骨干教师的引领，全体备课组成员的共同努力，将每一个学科每一堂课都根据课程标准和教材，各备课组集体研究确立《学科课堂教学内容基本要求》，对每节课的三维目标、重点和难点及配套习题都做了规定要求，必须落实的知识点按照"四步八字"中四个步骤制定下来，确立了标准，确保了一节课的效益。从而保证一堂课的容量、节奏、难度和坡度，而任课教师在上课时可以根据本班学生实际情况进行适当增删调节。

案例：田园高中语文学科的《课堂教学内容基本要求》，由一位老师

准备，同备课组的老师再根据自己班级学生的特点进行二次备课。

《_语文_课堂教学内容基本要求》

课题	《国殇》	主备人	李老师	备注
三维目标	（1）了解秦楚战争背景，熟记相关文学常识； （2）疏通文意，掌握重点实词和全诗内容； （3）学习全诗描写战争蕴含的各种表现手法； （4）体会楚军将士不屈的战斗意志、勇毅的爱国精神和诗中洋溢的爱国热情。			
课堂教学检测要求	（1）能说出楚辞及屈原的相关文学常识； （2）能准确解释重点实词，优美流畅翻译全诗内容； （3）能说出全诗描写战争、抒发情感时体现的艺术手法； （4）能结合时代，准确阐释爱国的具体表现。			
重点	能准确解释重点实词，优美流畅翻译全诗内容。			
难点	能说出全诗描写战争、抒发情感时体现的艺术手法。			

一、准备内容

1. 导入新课

战国七雄，逐鹿中原。"横成则秦帝，纵成则楚王"。但屈原时代，楚怀王楚顷襄王政治腐败，成为待宰羔羊：丹阳之战，楚军被斩甲士八万，大将军屈匄被俘；顷襄王元年，秦出武关攻楚，斩首五万，夺十五城；兵挫地削，丧权辱国，客死于秦，为天下笑。这正是屈原写下《国殇》这首歌颂楚军为国捐躯全军覆没英魂的背景和原因，这首诗为《九歌》中最后一首，饱含血泪与激情。

2. 屈原及楚辞

屈原，名平，战国后期楚国人，是中国文学史上第一位伟大的浪漫主义爱国诗人，开创了新诗体楚辞，楚辞句式上整齐精炼，句中和结尾都用"兮"字抒情。他的代表作《离骚》是中国古代文学史上最长的一首浪漫主义抒情诗。

3.《九歌》及"国殇"

《九歌》是在民间祭歌的基础上加工而成的一组祭神乐歌，《国殇》是《九歌》中唯一一篇祭祀人鬼的作品，也是我国最早、最著名的一篇歌颂爱国主义、歌颂牺牲精神的光辉诗篇。"国殇"指为国家牺牲的将士，屈原把这些人鬼和天神、地祇同等祭祀表达了对那些为国牺牲的将士怀着无限的崇高敬意。

国殇一般指为国战死的将士，也可以理解为国家的悲伤与劫难，如"5·12"汶川大地震，举国降半旗，为死难同胞默哀，"5·12"国殇日。

4. 教师范读，学生正音齐读（读出激越与悲愤）

二、研讨指导

1. 散读课文，初步感知

（1）请学生对照教材上的字词解释，粗通大意。

（2）教师补充强调重点字词。

被操错毂交凌躐骖殪霾

絷援怼严反忽超远惩诚

2. 作者是从哪两个方面来悼念歌颂楚军死难将士的

全诗以"严杀尽兮弃原野"为界限，分为前后两个部分。前段主要描写战争的壮烈场面，后段主要抒写诗人赞颂的感情。前者为外形描绘，后者为精神赞美，直抒胸臆，把热烈的赞叹奉献给那些为国捐躯的英魂。这也是悼词挽歌必然的两个部分。

3. 请找出最欣赏的四句描写加以赏析（学生言之成理即可。）

4. 从以上场面中你发现第一部分描写战争场面的视角有什么变化

前段，诗人用全场渲染与局部特写相结合的艺术视角，描绘出一轴惊天动地、血雨腥风的古战场画卷。前4句是一个鸟瞰式的大场面描写，后4句则刻画了局部激战的特写镜头。两者结合，使读者更加全面而真切地感受到战争的惨烈。

5. 阅读战争结束的场面描写的几句，你发现与战争进行中的场面有何鲜明对比

尸体静静地散布在原野上，气氛肃穆而悲凉。战士们虽然身首分离，但腰上仍然佩着长剑，手中牢牢攥紧强弓，英武之气凛然未灭，这简直是精心刻画的雕像。与战斗进行中的场面构成动静相衬，进一步丰满了楚国将士的忠勇形象：生是英勇，死是壮烈！

6. 结合诗歌最后4句，概括全诗抒发的情感

（1）对阵亡的将士进行热烈的礼赞。

（2）诗人在歌颂烈士英魂的同时，希望烈士们能够永垂不朽。

（3）屈原面对祖国的衰败屈辱，忧愁幽思，《国殇》就是一首哀其不幸、怒其不争的挽歌。

三、反馈练习

（1）结合重点实词，试着流畅优美地翻译全诗；

（2）有激情地熟读（朗读、齐读）全诗；

（3）请学生以四人为一小组，讨论并撰写歌颂与哀悼阵亡将士的对联。（学生写出的各种答案水平参差不齐，以鼓励为主。）

示例1：春雷挟雨惊天地，铁甲浴血泣苍生。

示例2：铁马金戈，铿锵万里声似虎；热血头颅，炳耀千秋气如虹。

（4）阅读《观巴黎油画记》描写普法战争油画的片段。思考：

①画面表现战争的视角有何变化？

②法国人自绘败状的原因与屈原写《国殇》的原因有何异同？

其法为一大圜室，以巨幅悬之四壁，由屋顶放光明入室。人在室中，极目四望，则见城堡、冈峦、溪涧、树林，森然布列；两军人马杂遝；驰者、伏者、奔者、追者、开枪者、燃炮者、擎大旗者、挽炮车者，络绎相属。每一巨弹堕地，则火光迸裂，烟焰迷漫；其被轰击者，则断壁危楼，或黔其庐，或赭其垣。而军士之折臂断足，血流殷地，偃仰僵仆者，令人目不忍睹。仰视天，则明月斜挂，云霞掩映；俯视地，则绿草如茵，川原无际。几自疑身外即战场，而忘其在一室中者。迨以手扪之，其实则壁也，画也，皆幻也。

余闻法人好胜，何以自绘败状，令人丧气若此？译者曰："所以昭炯戒，激众愤、图报复也。"则其意深长矣。

（5）整合课上赏析的四句描写，将它们改写成100字左右的片段描写。

示例1：这是一场车战。敌人10倍于我的情况下，楚国将士披坚执锐直突敌阵，一开始双方就短兵相接，猛烈厮杀。敌方人多势众，像天上的乌云一样势不可挡地压来，但楚国将士毫不畏惧，仍然冒着箭雨奋勇争先。（前4句）

示例2：敌人潮水般地冲进我们的阵地。我们的一辆战车，左边的骖马被砍死，右边的骖马也被砍伤。战车的两轮就像被埋住一样不能滚动，拉车的四马吐着鲜红的口沫伏地挣扎。但是将军以他残存的臂膀挥动鼓槌，擂响进攻的战鼓。（5～8句）

四、作业巩固

（1）将《国殇》改写成一篇500字以上的叙事抒情散文。

从实施三年来的情况看，《课堂教学基本要求》的制定有两大优点：一是解决了部分教师课堂教学容量不足、难易度把握不好、坡度设置不明等问题，实现了课堂内容"四有"（有容量、有节奏、有难度、有坡度）。现在即使是新毕业的大学生，按照《课堂教学基本要求》授课，也能让课堂教学质量与备课组前辈保持基本一致；二是《课堂教学基本要求》经过几年的打磨修订后，形成较为规范的文本，节省了教师"备内容"的时间，为教师"备方法""备学生"赢得了宝贵的时间。

2. 怎么教？教法改进——"四步八字"教学策略

课堂教学改变的根本之处在于改变教师的教学方式，学校开创性实施的"四步八字法"改进策略，即"准备、研讨、反馈、讲评"四步、八字教学，实现以生为本，先学后教，讲练结合，注重研讨，讲究实效。

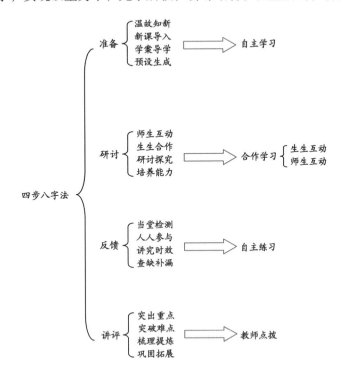

【附录8】

英语组的"四步八字"教学法课堂空间体现

一、准备阶段

体现"先学后教"的教学理念

根据不同的课型以学生为对象准备与本节课内容密切相关的导学案和学案，引导学生课前对文本进行深层次的思考，或者对重要语言点的模仿运用；课后对拓展内容自学或对重要语法概念总结。以导学案的形式引导学生课前自主学习，为课堂上进一步的理解、研讨、学习做好铺垫。以学案的形式了解学生课堂学习内容的掌握度，消化巩固拓展课堂教学。

具体落实准备好对学生进行重点语言点，包括既有笔记、词汇记忆等内容的复习反馈，又有课文、语篇预习的反馈，备课时给出详细范围，统一基本内容，让学生有的放矢。

二、学习研讨

这是整个教学课堂四步骤中的中心环节，充分体现以师生互动、生生互动为主的教学模式。根据不同的课型，如课文导入、语言点学习、练习讲评、语法学习、阅读讲解等不同的课型，设置本堂课的教授内容，统一落实知识点的基本内容，指导学生归纳总结课文和语篇中的字、词、句的重点和难点，包括对语篇结构、思路推进、语言细节等手法的掌握。

三、课堂反馈

英语学科有语言的特点，语言最大的实用价值就是运用。

所以每节课在完成基本所授新内容之后，需设计当场反馈环节，以语言输出的形式来检验学生对文本的理解，如给出主要句型的小作文仿写，或是对重要词汇、句型的掌握，比如对句型 It is better to do … than to do 的翻译练习等。

四、讲评总结

这个环节基本包括三方面的内容，备课组统一讨论。

（1）对上一个反馈环节进行讲评，抓住学生易错的地方，突出重点，快反馈，强矫正。

（2）对整堂课的内容进行总结，帮助学生回顾重点，整理思路。

（3）作业布置和巩固，紧扣本节课的内容统一作业基本量，复习巩固本节课的重点和难点。通过重温，进一步理清了教学思路，提高英语课堂效率。

3. 学什么？明确学习内容——制订学案

学案就是学生学习的方案。它是教师依据课程标准要求，在精研教材，充分考虑学情、学法、学生的情况下编制的，引导学生自主学习，完成学习任务的一种物质媒介。学案明确了学生课堂该学的内容，而且做到人人完成。从教学过程来说，用学案的方式，可以使学生把课堂上的时间基本上用在看书、思考、讨论、完成学案，学生没办法游离在教学之外；就老师来讲，讲评时会做到只讲学生想不到、想不深、想不透

绿色课堂－2

113

的问题；讲易混、易错、易漏的问题；讲解决不了的问题。同时教师的主要精力在课堂前半阶段主要是观察学生学习过程中存在的共性问题，后半阶段主要是讲解学生存在的关键问题和讲评学生对教学内容掌握的程度。

【附录9】

数学组老师制订统一的精学案框架

为了落实校"四步八字"教学法，结合学生的学习实际，在教研组、备课组集体研讨的基础上，确定数学学案框架为：

（1）课标考纲要求：本节课中我对课标考纲的理解，相当于"红灯高挂"，对于本节课的教学起到指导作用；

（2）基础练习（课前热身）：在知识点复习的基础上（高中数学要点），为以下典型例题的学习做好铺垫，题目少而精，一般以填空题和选择题的形式出现；

（3）典型例题：首先在课标与考纲的指导下要确定本节课要研究几方面的问题，每一个方面选择怎样的典型例题，拓展问题、提高问题以及变式问题等，注意典型性、层次性和实效性，在这些典型性问题中，确定典型问题中的典型问题，它是本节课研究重点，它是本节课的主动脉，它是本节课的精华；

（4）课堂检测：是对本节课所学内容的测验，题目不宜过多，不宜过难；

（5）课后针对性练习：它是课堂教学内容的巩固、拓展与延伸。主要分两个部分：基础部分和提高部分，这也是作业分层的体现，每个班级可根据不同情况灵活使用。

4. 怎么学？学法改进——小组研讨学习

著名作家萧伯纳曾说："你有一个苹果，我有一个苹果，互相交换，各自得到一个苹果；你有一种思想，我有一种思想，互相交换，各自得到两种思想。"小组合作学习是我校倡导的一种重要学习方式和教学组织形式，它对培养学生的合作能力起着非常重要的作用。每个学习小组都设立组长，组织学生相互探讨、相互启发、相互帮助、共同学习，形成"兵教兵"的学习氛围，保证组员对当天教学内容堂堂清、天天清。正如捷克著名教育家夸美纽斯在《大教学论》提到的：假如任何事情他只听到或读到一次，它在一个月之内就会逃出他的记忆；但是假如他把它教给别人，它便变成了他身上的一个部分，如同他的手指一样，除了死亡以外，他不相信有什么事情能够把它夺去。所以他的劝告是，假如一个学生想获得进步，他就应该把他正在学习的学科天天教别人。小组学习就是老师给学生提供了一个让学生教别人的机会，在小组学习中学生自己发现、探究知识，这样获得的知识才是活的、有用的、完全掌握的知识。

【附录10】

英语语法教学课堂上的小组学习模式

在课堂上，学生的小组学习主要出现在研讨阶段。比如在完成定语从句知识点教学后，老师要求学生完成一份英语定语从句练习。老师检查学生的作业完成情况，但不做批改，给学生留下讨论的余地，以改变老师讲—老师问—学生做—老师评—学生核对答案的传统模式。在小组研学讨论的课堂上，学生是主角，独立完成练习后，小组内相互讨论，你一言我一语发表自己的观点，到最后明确答案，尚未解决的疑惑及时请教老师。这个环节是相比较传统课堂来说最大的变化，学生是课堂的主角，老师只是充当着调解员、裁判员、管理员的角色。

在给予充足的时间完成好内容讨论后，进入小组反馈阶段。老师把任务分给各个小组，小组派代表把组内讨论好的结果书写到黑板上。其他小组的同学对不同的答案可以提出自己的质疑，那么负责写的小组要负责解答。从课堂教学内容情况来看，学生对定语从句的掌握还是较好

绿色课堂 -4

的。最主要的是学生在学习、讨论中掌握了定语从句的运用，对这一语法也有了更多的思考。

对于在小组研讨学习中仍存在疑惑的学生，教师采取面对面个别辅导，保证其当天所学内容过关理清。在辅导过程中，拉近了师生距离，融洽了师生关系。个别辅导同时也对在课堂上"吃不饱"的优秀学生进行，可使之所学内容拓宽提升，激发其更大潜能。

小组研讨学习不仅体现在课堂上的生生互动学习，更应体现在课堂外的学习过程中。在课堂外，教师应该有效地把学生组织起来，利用同学之间的学习资源、学习能力，通过小组学习模式，营造互帮互助、共同受益的学习氛围。学生在学习过程中不应该是孤立的个体，而应是一个被联合起来的群体，他们共同的任务就是学习，学生只有共同解决学习道路上的困难，才能真正取得共同的进步。

5.怎么评？绿色评价——"五美"课堂

田园高中推崇建设绿色课堂，评介包含五个"美"的维度：规范美、策略美、科学美、艺术美、和谐美。

规范美：备课细致充分，上课从容流畅；语言板书优美，实验操作规范。

策略美：课堂结构清晰，目标落实高效；容量难度合理，节奏坡度适中。

科学美：启发激活思维，化解重点难点；方法手段灵活，精讲精练精批。

艺术美：美育两纲渗透，人文气息浓厚；科学艺术相融，创新实践结合。

和谐美：师生和谐融洽，生生合作竞争；多元个性发展，绿色幸福课堂。

【附录11】

高三数学解题园地

美国现代数学教育家波利亚教给年轻人怎样解数学题，他用"弄清问题""拟定计划""实现计划"和"回顾"四个步骤与大家分享解数学题的过程。在学习数学课程的过程中，学生每天都要面对解数学题。对于怎样解数学题，每个同学都有自己的体会，同样每个数学老师也有自己数学解题心得。虽然师生每天都在交流解题经验，但都是局部的、小范围的。而高三数学备课组为师生搭建了一个更大的复习备考解题交流平台——《高三数学解题园地》，旨在高三师生交流高三复习备考中的解题经验，提高解决数学问题的效率，丰富解题经验，提升解题能力。同时希望同学们积极参与交流，把自己在解题中的好思想、好方法、好经验与大家分享。

具体栏目：

（1）"点差法"怎么了？

（2）你会用"991计算器"解方程吗？

（3）模拟试卷中的"条件冗长"题目的研究

（4）解析几何中的易错问题

（5）解题小技巧

（6）教师发表文章选登

（7）数学问题征解

（8）师生原创题目展示

（9）集合中易错问题集锦

数学园地可谓内容丰富，高端大气上档次。但一周下来，看的学生不多，参与的学生更是寥寥无几。于是，我建议高三数学备课组要注重学生的参与性，要注重实效性。于是备课组老师便从"阳春白雪"改为"下里巴人"，走"基层路线"以"接地气"。首先把数学园地的六块黑板都用来解题；其次，题目难度重新定位为中等偏下；然后让任课教师、班主任、课代表参与进来，形成"大气候"。

针对个别优秀学生"练手"的要求，数学园地新开辟"高手练习"栏目，这样就满足了学生不同层次的需求。有的老师说"这是一块数学自留地"，有的老师说"这是小杜郎口"，这块园地为师生提供了展示的平台，提高了学生学习数学的主动性，也锻炼了学生的解题能力，为高三复习备考起到了辅助的作用。

除了采取相应的课堂教学改进五大措施外，学校聚焦课堂教学改进成果展示活动，形成了与其他内涵发展项目相协同的操作机制和评价机制，促进了学校的整体转型，提高了教师的教学能力，也提高了课堂教学效益。

【附录12】

聚焦课堂，开展课堂教学展示活动

在连续4年的中高级教师研讨课活动的基础上，学校自2012年来连续三年开展了中青年教师课堂教学改进研讨活动，活动主题分别为"聚焦课堂，提升能力""聚焦课堂，焕发激情""聚焦课堂，展示魅力"，系列活动紧紧围绕"先学后教，讲练结合"的课堂教学改进理念，有效落实"四步八字"课堂教学范式，着力推进"学案"的研究与运用。这项活动，推进了课堂教学改进，加强了各教研组的组内凝聚力，促进学校中坚力量提升发展，产生了积极影响。

【附录13】

搭建平台，开展青年教师技能大赛

为了展示三年课堂教学改进的成果，体现青年教师的综合素养，2015年我校开展了首届青年教师技能大赛。共计有24位青年教师参赛，二十多位评委打分，分为文科组、理科组、综合组。整个活动历时一年，由三部分组成：专业技能、课堂教学、教学设计。本次比赛还专设基本功的技能专场，每位教师参加三个小项：①粉笔字比赛。每组3人，在5分钟内写完指定的内容，其中英语教师有英语书写；②演讲。以"我的学生观"为主题，限时5分钟；③特色技能展示。参赛者结合自己的学科特点，展示自己的拿手绝活或特别才艺。

【附录14】

与时俱进，开展创意课堂评比活动

根据《上海市中长期教育改革和发展规划纲要（2010—2020）》、《上海市教育综合改革方案》和《闵行区教育改革与发展"十三五"规划》精神指引，我校全面贯彻闵行区推进中小学课堂教学改进三年行动计划，并在此基础上推出创意课堂理念，立足"强规范、求突破，减负担、提实效"的工作思路，立足"让每一个学生健康、持续发展"的核心理念，探索"多样、适切、灵动"的教学形态，构建"融通、开放、发展"的教学系统。丰富学生的学习经历与情感体验，提升学生的实践能力与思维品质，引导学生形成正确的世界观、人生观与价值观。拓宽教学视野、转变教学结构，为学生认知发展和观念形成提供帮助。我们组织老师学习新的课堂教学改进三年行动计划，并与自己的教学实践相结合，首先撰写以"创意课堂之我见"为主题的教学论文和教学案例，提出自己的创意课堂的个性化范式；接着，我们组织学校学术委员会评价教师的创意课堂理念与设想，其中一部分教师创意课堂的教学理念已经比较成熟，例如有老师提出"讲故事，写故事，有故事的语文课堂"，有老师提出"时政串联下的政治经济学"，有老师提出"播报体育新闻的体育课"，有老师提出"古典诗词与流行音乐吟唱的音乐课"，这些创意观点体现学生学习主体地位，课堂实现良性智慧互动，并且措施具体可行；最后我们组织选拔出来的老师举办田园高中首届创意课堂大奖赛，通过具体的课例研究深入探讨创意课堂的可持续发展以及与课堂教学改进三年行动计划的深入对接。创意课堂教学实践拓展了课堂教学空间的纵深，拓展了学生的思维发展空间，优化了课堂组织和教学方式，促进了多学科知识的整合，使课堂空间不再局限于狭窄的物理特性，而是延伸到师生认知的最大范围。

【附：创意课堂教学案例】

"同"是天涯沦落人
——《琵琶行》主旨探究

《琵琶行》是一首长篇叙事诗，记叙白居易谪居江州，月夜江边送客，巧遇琵琶女一事。诗中主要塑造了两个人物形象：琵琶女和诗人自己。前者为主，后者为宾。既表达了对琵琶女晚年沉沦遭遇的同情，也表达了诗人谪居卧病的凄凉心境。

一般来说，教师强调"同是天涯沦落人，相逢何必曾相识"是全诗主旨句，于是师生共同探求琵琶女和白居易之间的相同命运，不外乎得出以下结论：琵琶女当年艳盖群芳，艺压京城，人妒人捧，年年欢笑；而今年老色衰，门前冷落，委身商人，独守空船。白居易当年诗酒流连，丝竹不绝，高朋满座，其乐融融；而今谪居卧病，有酒无乐，送客惨别，其情凄凄。

一、基于拓宽视野的教学追问

以上的分析没有问题，也抓住了教学重点。但难免碎片化，属于孤篇独立的鉴赏，像《琵琶行》这样的优秀诗篇，这样的主旨表达方式在文学史上并不会孤立地存在，教师应从学科内容之间的关联角度拓宽教学视野，把《琵琶行》的主旨放在整个高中语文教材序列中，甚至置于整个中国文学史的大背景中加强审美体验，从而追问以下问题：作者为何以"琵琶女"作为全诗主体？为什么不是别的人物？（正如《前赤壁赋》要有"客"存在一样）这是作品的独特个性所在，不能回避。所以课堂可以做以下探究：有分析认为"琵琶女"是白居易假想出来的借以抒怀的艺术形象，那么为什么作者要把自己比作失宠的弃妇？你能探究一下这方面的文化背景吗？

文学中的弃妇形象是以曲折笔法表达自己政治意见的手法。文人在帝王的无上权威下，产生一种永恒性的无力感，与弃妇心态形成同构关系。于是便大量运用"弃妇"作为其情感展示的旗帜，这个古老的意象，从诗经中就有雏形，自楚辞又暗喻君臣关系，至此成为中国古代诗人消解自身欲求功名而不得的矛盾心理的手段，是具有典型中国文化特色的一个文学意象。在那个没有言论自由的时代，怀才不遇的诗人慑于文字狱的阴影不敢直言不满，不说又憋得慌，于是便想了一个比较折中的办法，这就是弃妇文学。从这个意义来说，文学作品中一系列"弃妇"形象的确"同"是天涯沦落人。

二、基于智慧互动的教学方式

教学应该以发展学生的核心素养为目标，探索多样、适切、灵动的教学形态，优化教学方式，实现师生之间的良性互动。在提出以上追问，引发学生探索兴趣之后，教师可以和学生一起探讨，编写一个题为《"同"是天涯沦落人》的探究目录，让学生分小组探究：①中国文学中很早就有自拟弃妇的抒情叙事诗出现，例如《诗经·卫风·氓》。（了解"氓"的形象，了解其始乱终弃的过程等。）②中国文学向来有左迁之臣自比为弃妇，将君王比作夫君的传统。（学生举出适切的示例。）③屈原《离骚》中"美人"是典型意象。如"众女嫉余之蛾眉兮，谣诼谓余以善淫"。屈原通过自拟弃妇来抒发遭群小娭恨，遭君主疏远流放的激愤忧伤。④屈原的"香草美人"意象，对后世作品影响非常深远。（考查《离骚》中"香草美人"意象的象征意义）⑤参看曹植杂诗其四，"南国有佳人，容华若桃李。朝游江北岸，夕宿潇湘沚。时俗薄朱颜，谁为发皓齿？俯仰岁将暮，荣耀难久恃。"探究曹植失宠的原因。⑥复习《前赤壁赋》"渺渺兮予怀，望美人兮天一方"中"美人"形象的内涵。⑦鉴赏朱庆馀和张籍的唱和诗《近试上张水部》和《酬朱庆馀》，思考其中"比"这种表现手法的具体内容。

学生借助信息技术，查阅相关材料，制作幻灯片，撰写小论文，进行系列互动，在资料准备、筛选、成果展示方式等环节发挥自主能动性，课堂互动在更广阔的时空中发生。在课堂现场交流中，探究小组代表发言，不仅图、文、音、画等教学情境多样，而且探究互动的内涵深刻，聚焦于高阶思维。一系列的探究可以摆脱教参和教材束缚，教师不局限于照本宣科，学生了解传统文化的渊源，促使学习经历转化为核心经验，在潜移默化中发展了学生的核心素养。

三、基于认知发展的教学反馈

课文是个例子，通过这个例子，学生举一反三，运用它去解读历史人文经典，去解读生活万象、人生百态，这样的语文课学生的综合素养才能提高。在充分探究"弃妇文学"之后，不妨进一步扩大探究的外延，巩固学习成果，为学生的认知发展提供帮助。教师让学生课堂练笔，题目是"就是那一个美人"，由"弃妇"推及"伊人"，运用以上习得的认知方法去思考写作。学生答案丰富多彩：有的写《桃夭》"春日草长莺飞，一位女子站在那里，她是那样美丽，仿佛太阳一般炫目耀眼，没有谁不愿意与她共结连理吧"；有的写《题都城南庄》"人面不知何处去，桃花依旧笑春风"；有的写《青玉案》"那人却在灯火阑珊处"，不落俗套的美人形象寄托着作者政治失意后，不愿与世俗同流合污的孤高品格，寄托着作者的理想人格；有的写若即若离的"蒹葭伊人"；还有的说戴望舒笔下的"丁香姑娘"其实也是"伊人"审美形象的源远流长。

这样的高三语文课是有吸引力的，有丰富的内涵，高阶的思维和智慧灵动的教学方式；有主问题的设置，有师生合作、小组合作的探究，有认知发展的反馈呈现。学生的核心素养可以在这样的尝试中通过课程、教学和评价的不断完善得以发展。

三、田园课堂空间影响力

1. 教研组教学改进取得实效

自课堂改进实施以来，教研组长队伍工作能力、热情进一步得到提高。教研组、备课组活动研究课堂教学的氛围浓厚，措施具体实效，针对性强。整体教师队伍注重自我改进，注重课堂教学质量，重视教法和学法，重视课堂教学实效，质量意识得到加强，教学能力得到提升。教师越来越意识到教学方式不应一成不变，要根据不同学生、不同课程、不同年级进行相应的变革。不同教学方式的价值判断在于它的先进性，其背后折射的是教师教育理念的先进性。

数学组：精讲精练、小组学习、分层作业、天天一练、数学园地等活动的开展，营造了浓浓的学习数学的氛围，规范的格式，科学的方法，各年级的数学成绩都有了大幅度的提高和超越。2015 年在最权威的全国中学生数学竞赛中，朱剑同学获得三等奖。

英语组：以"3+2"教学模式调整教学框架节奏和拓展阅读，以词汇教学为抓手，学案导学，小组学习，分层作业，加强学生主动体验、小组研讨等手段，编排了田园英语课本剧校本剧本，以每学期编辑田园英语报、英语游园会、英语演讲朗诵等丰富多彩的活动为载体，促使英语教学质量在短短几年里大幅度提升。多年来，在校际词汇联赛中，多次多名学生获得一等奖和其他等第奖，2015 年两名学生分别获得区英语竞赛一等奖，"上外杯"市英语竞赛一等奖和三等奖，实现了历史性的突破和超越。因为进步显著，成绩卓然，英语教研组在区级层面多次发言介绍经验，就课堂教学改进、教研组建设、拓展课程设置等专题经验交流。

语文组：以课堂教学基本要求和学案导学为抓手，注重学生研讨和体验，学生讲解讲评及时反馈，人人参与课本剧表演，利用节假日外出采风活动等，把美和人文熏陶进一步渗透延伸到课堂之外，语文教学质量提升明显。学生在区和市的古诗文竞赛、作文竞赛中都获得佳绩，6名学生出版个人书籍，多次在学校举行区级教研活动，并让本校教师作经验介绍。在闵行区"田园杯"作文竞赛和闵行区"莘光杯"古诗文阅读大赛中，我校学生获奖丰硕，奖项数量和质量逐年递增。

其他教研组也都按照学校课堂教学方案要求，注重学生"和美""规范"，以课堂教学基本要求和学案导学，充分体现形式的优美和学科知识的逻辑美，以"四步八字"教学策略，使学生热爱这门学科，课堂主动学习起来，各科教学质量都上升明显，减轻了学生负担，帮助了很多有个性特长的学生多元发展走向成功！语文教研组和艺体教研组获得区级优秀教研组荣誉。

【附录15】

在研究中得到提升

数学组在教学研究中，无论是高三的"教学共同体"，还是整个数学备课组，研究的氛围一直伴随着每一天的工作，通过交流，大家的思路更加开阔了，教学与科研的水平也不断提高。刘老师参加了《中学数学教学参考》杂志社主编的《高中数学解题纠错宝典》的编审工作；高三数学共同体还编写了《高中数学要点》，谢老师还进行了"微课程"的研究。总之，研究使每位老师都有了新的提升。

2.教师队伍在课堂改进环境中成长提升

教师改变了满堂灌教学常态。教师能以学生为本，注重学案导学运用"四步八字"教学策略，注重师生和生生研讨，同时开展小组学习和个别辅导。12位教师进入区学科带头人、区骨干教师、骨干后备的行列，语文、英语、数学、地理等多门学科教师在区级课堂教学教研活动中作经验交流。陈鸿老师获得"一师一优课"全国一等奖，李卫华老师获得全国文学课堂二等奖。

十多年来，学校十分重视发掘本校内在教师资源，建立激励机制，鼓励广大教师苦练内功，培养了一批能满足特色学校建设需要的专业师资队伍，确保了学校特色建设的质量。目前，我校已拥有包括美术、戏剧、编导、摄影、音乐、主持与演讲等一批特色教师。

美术：成立了李老师、毛老师的美术工作室，多年来培养了一大批具有美育素养和绘画技能的学生进入高等学府深造。毛老师获得上海市美术教师基本功大赛一等奖、全国二等奖、上海市美术教师评教三等奖。

戏剧：韩老师领衔的话剧辅导团队，每年高一每个班级都要进行课本剧展演。学校戏剧获得上海市戏剧艺术节创编一等奖、表演二等奖，上海市课本剧展演二等奖。

编导：屠老师在专业教师黄迈的指导下，对照编导考纲进行系统梳理，并自编了辅导材料。每年有二十多名学生通过了编导专业本科分数线。

摄影：信息技术人员何老师的摄影成为了特色课程，所辅导的学生获得上海市艺术节摄影一等奖，多人加试摄影，进入本科院校深造。

青年教师基本功比赛

音乐：丁老师和

周老师两位音乐教师，辅导的学生合唱团获得区一等奖，连续两次获得上海市百校风采大赛二等奖；周老师在 2014 年区级青年教师评教活动中获得一等奖、上海市三等奖。2017 年高考中，两位老师辅导的 5 名学生都考上了上海师范大学音乐学院本科，同时文化课 5 人也均达到本科线。

文学：语文教师每年都写了不少作品，先后出版了《田园牧歌》《江南可采莲》《山那边海这边》等教师文学作品集。先后结集编辑校本教材 16 本，还积极探索话剧表演艺术与语文教学的有机结合的语文教学特色。2013、2014、2015 年分别被全国中语会和当代文学研究会校园文学委员会评为"全国优秀示范文学校园""全国百家校园文学优秀社团"。

3. 学生改变了学习的状态

规范创造美，和谐孕育美。原本被动接受、死记硬背的学习方式，被积极主动的自主学习方式替代，通过学案导学先学后听，通过和老师、学生相互间的研讨，在获得知识的同时，还获得了能力的提高和态度、情感、价值观的感悟和提升。

4. 师生关系得到了改善

师生关系不再相互埋怨，彼此嫌弃。"和美"育人使教师用多元的思想评价学生，用灵活的方式组织教学，用因材施教的分层设计满足不同学生的需求，课堂不再是你讲我听的一味顺从和被动关系，而是相互间的平等探讨知识的来源的亲切关系，学生之间也增加了交流探讨，课堂气氛也一改沉闷而变得活跃民主。

5. 课堂教学质量提升明显

学校教学质量得到明显提升，在期中、期末、春考、高考等市、区统考或联考中，各门学科质量全面上升，高一、高二、高三语数英三门都超越录取方上一位甚至上两位的学校。高分段学生有明显增加，低分段也明显进步，同时多学科班级差距、同年级任课教师之间的差距明显减小。直接反映课堂教学质量的高考质量也明显得到提高和超越，高增长的本科录取率（从建校时的本科率26%，到今天2017年本科率为95.8%）的秘诀是我们的课堂教学改进所带来的师生的改变与提升。

6. 学生个性化发展得以实现，学生成为最好的自己

注重学生"研讨体验""和美育人"的课堂目的是让学生积极主动获得知识、提升能力、个性成才。我们的学生课后的分层作业精当，花费时间少，学生用于发展个人特长兴趣的自由支配时间得到了保证，一批特长学生得到充分发展。作文竞赛、古诗词、合唱、机器人、英语、数学竞赛等都获得市级或区级一等奖，凌姗姗、张奕霜、金城安、张振贤、马歇尔、高玮明等6位同学正式出版个人书籍，同时都考上了理想的本科继续深造，实现"教育要使学生成为最好的自己"的教育理想目标。

7. 区内外示范辐射作用

除了每年有国内外多批教育团体来校考察学习外，学校还与香港宣基中学、德国科隆E.V.B中学、韩国东一女子高中、台北市立大理高级中学、瑞金国际学校、东莞松山湖中学、井冈山大学附中、内蒙包头一中等学校建立姐妹友好学校，每年师生通过各种途径进行合作交流，并开展经常性的人文艺术交流活动，融中西文化于一体，提高学生综合能力。学校又是国际文化交流项目AFS基地学校，每年有一到两名留学生来校留学一年。学校也是国家"视像中国"项目学校，每年和香港、台湾等地学校在网上就全球当下热门关注的话题，开展英文和中文的演讲竞赛、辩论比赛等交流学习，开阔了师生视野，丰富了学校特色办学内涵，同时学校"美育创意"特色也起到了辐射示范作用。

8. 社会广泛支持

学校目前已与上海话剧中心、上海戏剧学院、上海音乐学院、上海视觉艺术学院、上海爱乐乐团、上海音乐厅、上师大音乐学院、中华艺术宫、上海博物馆、蔡元培故居等多所高校、院所合作，还和区域内镇文化站、社区艺术团体建立共建合作关系，这些众多良好的社会资源，为提升我校师生美育和创意素养提供了各类精美的大餐。

通过"美育"特色办学的实践研究，在学校生源处于本地区中等偏下的基础条件下，通过三年的培养，绝大多数学生能够进入本科继续深造，实现大幅度的超越。其中有一部分学生是通过美育创意课程，进入本科高校继续深造。通过美育和创意课程学习，学生动手能力、创造力等方面均得到较大提高，除学习成绩不断提升外，学生在竞赛活动中也屡获大奖，一大批具有美育创意特长的学生脱颖而出，成为他们最好的自己。例如：上海市百校风采二等奖，上海市课本剧比赛二等奖，上海话剧艺术节原创剧本一等奖、表演二等奖，合唱区级一等奖，美术作品和摄影作品分别获得上海市艺术节一等奖；涌现了一大批个性鲜明、富有特长的优秀学生：2006届朱明杰同学，在东华大学获得中法时装设计特别创意奖，获全额奖学金赴巴黎攻读设计硕士；2008届吴玉琳同学通过编导专业被复旦大学上海视觉艺术学院录取，在校期间获得全国大学生公关策划大赛一等奖；2013届杨淼同学个人获得上海音乐学院专业统考钢琴第一名；2013届的许鹏同学以优秀的专业和文化课成绩被浙江传媒播音系录取；2014届朱梦圆同学获得全国拉丁舞比赛青少年精英组第一名。

第八章　办学空间学的虚拟维度

虚拟空间是人类思维得以储存的重要的空间组成部分，虚拟空间的大小既决定着人类想象力的多与少，又同时决定着因为虚拟空间在思维空间中占有率过大而最终导致出想法与客观现实相脱离的表现现象。虚拟空间与真实空间相互补充，相得益彰。"离情恰如春草，更行更远还生"，古人善用虚实相生的手法，以至唐宋诗篇文辞短小而意蕴无穷，表情达意更加曲折有致，利用的就是眼前之实与想象之虚相融合；美术作品中留白手法也具有相同功效，眼前是山重水复，远望是柳暗花明，而行者也许更在远黛之外吧。虚拟空间因其虚无，引发人们无限遐想，因其不定，启发受众不断幽思。

一、校园虚拟空间界定

校园虚拟空间，就是在校园内，除了物质实体空间外的虚拟网络空间。虚拟空间与真实空间相互补充，相得益彰。

随着互联网技术的发展，网络虚拟空间已经成为师生员工现实生活空间的延续，学校成为掌握最先进科学技术及其应用的场所，师生员工的日常教育、教学、生活已经与网络虚拟空间紧密相联。广大师生员工通过互联网共享数字化资源，快速获取相关信息。

二、校园虚拟空间建设

1.学校网站

学校网站是学校全世界展示的窗口，也是学校和社会、学校和家庭、学校和学生之间联系的纽带和桥梁。学校网站上除了有校园环境、办学理念、办学实践、学生活动、师资介绍、党建工作等基本介绍以外，还有校长信箱，可真切倾听、广泛征求在校师生、社会各界人士对学校建设发展的意见和建议；家校论坛可实现家长与老师间、老师与学生间、老师与老师间对于学校教育、家庭教育的优势互补；学校贴吧是学生用来相互联系、吐槽生活、交流学习的一个网络空间墙……值得一提的是校园实时新闻栏目，具有非常及时的新闻时效性，学校各类教育教学活动都有专人撰写新闻稿件，信息中心提供图片，及时发布，关心我校发展动态的所有人第一时间可以清晰了解我校的具体情况，起到了很好的宣传展示作用。网站中的教育教学资源库建设，是学校和课堂教育的网

学校网站

络延伸，满足学生在离开校园和教室后，依然可以利用网络教育资源进行自主学习。

2.绿橄榄平台

我校校园网站专门开设绿橄榄平台，寓意是绿色人文课堂教学理念。绿橄榄平台有以下几个功能：教师相互之间听课评课交流平台，我校规定普通教师一周听课不少于一节，学术委员、教研组长及学校行政每周听课不少于两节，实行推门听课制度，听课之后在绿橄榄平台上传听课评价，授课教师也可在平台上看到其他教师对自己上课的实时评价；教师上传教学反思平台，学校要求每位一线教师每月上传一篇有质量的教学反思，把握当前教育教学动态，结合自己教学实践。教学反思上传之后，教师们通过平台相互学习借鉴，促进教师教学科研水平的提升；教学反思评价平台，教师上传反思之后，学术委员在平台上分科目对全体反思打分评价，每月评出近 20 份优秀反思，除给予一定的奖励之外，利

田园高中微信空间

用教工大会的机会交流优秀的教学反思；资源上传平台，每月要求教师上传本月的《课堂教学内容基本要求》《学案》以及其他练习、讲义和试卷，教务处收集，并与上年同期同类资源作对比鉴别，使资源逐步优化。

【附】

绿橄榄评课平台评课交流（白老师主页）

	时间	班级	课题	亮点	待改进
1	2015年9月3日	高三(5)	《雨巷》	诗歌鉴赏方法得当配合朗读及背诵课堂效果明显。	教师能够范读就更加好了。
2	2015年9月6日	高三(5)	《荷塘月色》	朗读课文部分教师的指导较好；对文章第二部分修辞手法的分析很到位。	个别学生的注意力不够集中；学生的质疑意识不够强。
3	2015年9月6日	高三(5)	《荷塘月色》	复习检测很完整，知识点概括明确、清晰。课外拓展能发动学生调查资料。	课堂比较沉闷，学生思维不活跃；幻灯显示不清晰。
4	2015年9月6日	高三(5)	《荷塘月色》	修辞手法的表达效果分析细致；抓住文本语言分析，重点突出。	课堂练习的筛选要更细致。

绿橄榄评课平台评课交流（李老师主页）

	时间	班级	课题	亮点	待改进
1	2011年9月3日	高三(5)	试卷分析	注重对学生学习习惯的培养，授之以法，课堂容量大，体现高三学科特点。	学生参与度不足
2	2011年9月3日	高三(5)	试卷分析	课堂容量大，符合高三学生的特点，重在方法的传授，让学生举一反三。	无
3	2011年9月8日	高三(6)	《苏武传》	学生注意力集中，教学效果好，教师语文基本功好，课堂应变能力强。	前段复习时间过长
4	2011年9月8日	高三(6)	《苏武传》	教师整理知识点详细，注重知识的前后联系，有效调动学生的积极性。	提醒学生做笔记，提高学习效率。

3. 学校微信公众号平台

随着智能手机的问世，手机成为便捷的信息获取和发布的平台，而微信的使用，为信息发布和传播起到了锦上添花、推波助澜的作用。学校与社会、学校与家庭的联系，随着微信信息的发布，成了即时信息的互动交流。新生入学、学生升级、新的班级的组建，班主任要做的第一件事往往是组建班级微信群。通过微信群，学校管理要求、班级纪律、通知发布、表扬提醒、作业交流、比赛活动等信息可及时通过网络传递到学生、家长手中，成为家校联系的最及时、最重要的方式。同时，各年级组、各教研组、各备课组也分别建立各自微信群，相较于电脑虚拟空间，微信空间更便携，更不受时空局限，使用交流起来也就更为便利与及时。

值得一提的是，田园高中的微信公众号建设，不同于其他学校交由学校行政办公室来组稿、编辑、发布的运营模式，完全由团委学生会的学生干部来负责。这属于"创意设计工作坊"特色课程的一部分，学校大型活动的策划、组织、宣传，以学生为主体，交由学生来编辑和发布学校重大活动的微信信息，既让学生参与和了解学校活动，又能够让学生在组织宣传中，提升文字能力、摄影能力、编辑能力、组稿能力等，最后由教师审定，再在学校公

田园高中微信平台

众微信平台发布。在学生时代积累参与活动组织经验，具备策划、采编能力，这样的锻炼让学生终身受益。

4. 视像中国远程教育平台

拓展、合作、交流、发展，这是当代青年学生所应具备的基本素质，也是当代教育追求的理想目标。我校每学年组织学生参加"远程教育·沪港英语视频辩论赛"实践活动，活动中，学生能切身感受到相对于传统应试教育而言，"视像中国"远程实时互动教学交流活动所具备的教育优势：活动有利于拓展学生视野，挖掘书本之外的丰富学习资源；有利于培养学生团队合作精神；有利于学生打破时空界限与全国乃至全世界优秀的青年代表交流；有利于学生点亮终身发展的星星之火。我校办学宗旨——为每一位学生创设发展的空间与此一脉相承。

我校学生的英语口语基础欠缺，而英语是香港学生的强项，全英文的赛程对我校学生将是极大考验；高一学生很少接触辩论赛，不熟悉辩论技巧和辩论规则，一切必须从头开始；我们鼓励学生，一张白纸也可以绘制出精美的蓝图！认真准备就能够创造奇迹！为此，我们指导学生进行丰富的课外拓展：观摩国际大专辩论赛视频，学生具体感知辩论赛的基本流程和辩论技法；组织学生查阅辩论赛流程及注意事项，讨论交流本次辩论规则的特殊之处；针对论题分工合作查找英文论据并相互检查论据的熟悉程度；针对反方可能提出的论点和论据准备针锋相对的相关资料等。所谓知己知彼，有备无患。在此过程中，学生自主拓展表现出极大的热情和丰富的创造力，同时也表现出极强的合作意识和团队的凝聚力。

三、校园虚拟空间影响力

关于校园虚拟空间建设对在校师生的影响，在多年的跟踪调查中，我们得到以下反馈，并进行反思和思考。

（1）学校网站、校报校刊等传播设施质量逐渐提升，学生关注度越来越高，并有了一定的理性认识。对比两次调查结果可以看出：

选项	实验前	实验后
学校的标准色是宝蓝色	60.0%	71.8%
学校食堂餐盘放置处的标语是"弯弯腰，轻轻放"	68.0%	77.4%
学校的校训是"求真、向善、爱美"	71.8%	80.5%
美化班级或办公室应充分体现班级或学校文化个性	87.9%	92.3%
在教学楼的墙壁上应多布置一些艺术作品或名人名言	80.2%	92.7%
经常点击学校的门户网站	15.8%	22.2%
会认真阅读校报校刊和文化橱窗等宣传媒介	13.5%	28.0%

（2）学校文化环境建设须跟上信息化时代的需求。随着信息社会的发展，学生在学校和课堂上玩手机的现象屡见不鲜，学生纷纷加入"手机控""低头族""游戏党"。学生在校使用手机的问题，引起了学校和家长的关注，作为教育者应如何看待、如何管理？

"禁止学生在校使用手机"在一片呼声中轻松获得较高支持率。当前经济社会全面进入信息化、网络化时代的趋向势不可挡，以手机和互联网为代表的新媒介营造了一个焕然一新的信息环境、沟通环境和校园文化环境，不加辨证仅靠一味地"禁"与"堵"并不能够有效地化解手机给学生带来的弊端，相反，这一方式可能会导致教育与时代发展的脱节，造成学生的逆反心理，把一些优秀的学习软件也一起拒之门外，使教育效果大打折扣。因此适当地"疏"、耐心地引导更能够赢得学生的认同。角色转换，让学生做自己的管理者，由全体学生公开讨论，决定在学校何时能使用手机、何时不能使用手机，何地能使用手机、何地不能使用手机，用手机能干什么、用手机不能干什么……让合理使用手机、恰当运用网络、民主和谐引导的思想在学生的心中落地生根。

第九章　办学空间学的校外维度

　　学校是学生接受系统教育的殿堂，但是学生学习的空间不应只局限于校园内部空间。生活处处皆学问。实现学生—学校—家庭—社会的素质教育闭环，为学生打造完整的、彻底的、多层次的、多角度的教学资源环境，全面提升学生的文化素质、道德素质，实践能力、交际能力，学校需从细微做起，有效把握校外维度，整合校内外教育资源，不断拓展科学教学空间，提升育人水平。

一、校外空间界定

　　校外空间，就是校园以外的所有空间，一般包括社会空间、家庭空间和跨境空间，并体现为物质维度、精神维度、虚拟维度等几个方面。

　　合理利用校外教育资源，以社区服务、励志游学、才艺竞赛、课题研究、学科拓展、校际交流等方式开展校外主题教育活动，拓展校外教育的空间，拓宽学校的育人途径，激发学生学习兴趣，加强学生的思想道德建设，锻炼学生能力，提高学生综合素质。

二、校外空间建设

1. 学区空间

2016 年，我校成为闵行区政府指定的颛桥镇学区化办学核心引领学

社会实践活动

校，这为我校的进一步发展提供了新的契机，我们将办学空间拓展到整个学区，利用我们自身发展优势，借助学区化办学，推动学校间的均衡发展。通过学校间的相互合作、资源共享、共同发展，缩小学校间的差距，切实提升学区内学校的办学水平，提升颛桥地区整体教育水平。学区空间内，我们共享先进的办学理念，我们推广科学的管理方式，我们共同举办教研活动和科研活动，凡此种种，都为了进一步提高办学质量，促进学区空间内学生的健康成长。学区空间还能实现优质资源共享，各校在发展过程中都有自己的优势资源，取长补短，相互对照促进，在合作中推进教育综合改革的深化。目前我校与学区内 12 所学校除去日常教育教学研究探讨活动之外，还结成了学区戏剧联盟，由我校韩磊老师担任盟主，深入开展课本剧的活动与实践研究。此外，我校的传统节庆活动，例如读书节、美育节、文化交流节等，也会邀请学区内学校共同参与，相互学习，取长补短。

2. 社会空间

对于学生来说，社会空间包括有各级各类青少年活动中心、图书馆、各类美术场馆、博物馆、书店、音乐厅等，以及家长老师都极力反对的游戏机房。除了以上适合学生的各类空间外，还有诸多可以让学生参加社会实践活动和志愿者服务的空间：车站码头、卫生医疗机构、道路、福利院、学工学农学军基地、科研院所实验室、各类文化基地（名人故居）、各处的名胜古迹等。

田园高中高一全体学生的井冈山之行，高二学生的绍兴之行，高三学生的嘉兴之行，都是提供学生社会实践锻炼的社会空间。为牢记革命先烈事迹，镌刻民族文化基因，我们利用暑期组织全体高一学生赴井冈山"重走红军路"。井冈山革命教育基地就是一个巨大的革命教育空间，同学们参观革命先烈的壮烈事迹，回顾那些可歌可泣的峥嵘岁月，开展读革命书、唱革命歌、走红军路、吃农家饭、写观后感等具体可感的活动，真切地忆苦思甜，切实养成爱国情怀。我们组织高二学生赴绍兴参观鲁迅故居，阅读文学巨匠的精气神，学习鲁迅中华脊梁的担当意识，朗诵"横眉冷对千夫指，俯首甘为孺子牛"等鲁迅诗作，由书本学习变成亲身实地的感知。我们组织高三学生赴嘉兴南湖、南京雨花台等地举行成人宣誓仪式，这些活动极大震撼学生心灵，真切唤醒学生"为中华崛起而读书"的满怀豪情。

随着高考招生改革，上海的高中生都要经历90天的社会实践课程，60课时的志愿者活动等，都是为学生创设和提供接触社会、了解社会、自我锻炼的社会空间。这些社会空间经历丰富了学生的人生阅历，促进了学生的社会担当，在他们年轻的心海中洒满一望无际的清香。

【附录：案例1】

田园高中场馆教育活动

实施细则

一、活动简介

根据上海高考改革"综合素质评价"的考核要求，"高中阶段学生社会实践不少于 90 天"（《上海市普通高中学生综合素质评价办法》）。我校将组织高一学生于 2016 年 1 月 14 日前往上海电影博物馆、上海市禁毒科普教育馆参观学习。由学生发展中心与教学管理中心研究型课程教研组共同实施本次活动，通过此次活动培养学生的科学精神、人文素养能力，帮助高一学生完成高校入学必备的综合素质评价任务与社会实践学时。

二、参加对象：高一全体学生

三、活动要求

1. 活动方式

以班级为单位参观，个人或小组结伴自行前往。每位同学带好电子学生证，拉卡记入社会实践学时。

2. 行程

（1）上午：上海电影博物馆。

集合时间：8：45，参观至 10：45 左右结束。

（2）午餐（自理）。

（3）下午：上海市禁毒科普教育馆。

集合时间：13：30，参观至 15：00 左右结束。

3. 完成研究型课程作业

（1）以小组为单位，在每个场馆合影，并拍摄参观过程。

（2）完成《电影博物馆》作业单。

（3）完成小报（主题：邬达克、李叔同、谢晋，三选一），图文并茂。

4. 管理方式

（1）电影博物馆：请跟班老师负责好各班级点名工作。

班级	跟班老师	
1 班	史金玉	188********
2 班	孟洪美	189********
3 班	张巍	159********
4 班	杨俊	135********
5 班	毛勇	181********
6 班	丁佳丽	159********

（2）上海市禁毒科普教育馆：负责教师付宗亮。学生自管委员会：请学生负责人做好点名工作。

班级	负责人	
1班	高绍琪	何牧
2班	高哲彦	张子音
3班	姜煜	施琪
4班	王致远	刘辰元
5班	计子奕	金昕璐
6班	凌子杰	乔华

四、交通指南

1.上海电影博物馆：漕溪北路595号

（1）公交：乘坐公交42路、43路、50路、56路、122路、926路、927路、946路、957路漕溪北路裕德路站下；或乘坐703路至漕溪北路蒲汇塘路站下。

（2）地铁：地铁一号线、四号线至上海体育馆站下，4号口出站，往北步行5分钟可到；地铁三号线至漕溪路站下，3号口出站，往北步行15分钟可到。

2.上海市禁毒科普教育馆：汉中路188号上海市青少年活动中心四楼

交通：地铁一号线汉中路站下。

田园高级中学学生发展中心

教学管理中心研究型课程教研组

【案例2】

红色足迹承精神　青春年华担责任

——上海市田园高级中学赴井冈山革命教育基地实践活动方案

为了更好地弘扬和培育民族精神，增强学生的民族自豪感、自尊心和凝聚力，提升学生的思想境界，我校决定在高一年级全面开展爱国主义和革命传统教育，利用红色之旅所蕴涵的革命历史文化资源和基地式教育，对我校学生进行一次生动现实版的革命传统教育。

一、活动意义

提起红色老区，每个人心中都会激起一种别样的情怀，那是一片曾经充满光荣和梦想，多少人期盼着有一天能踏上寻根路，祭山间的英烈忠魂，领略井冈山斗争的波澜壮阔，聆听黄洋界保卫战的炮声……

井冈山，一座革命的山，一座英雄的山。红色革命寻根之旅，带你走进"红色精神家园"，在这里，我们带你找到中国共产党人革命精神之根；在这里，还可以看见一个绿色的井冈山——井冈翠竹，挺拔于彩云与山林之间……

组织学生参加红色旅游，有利于充分利用革命历史文化遗产，加强和改进新时期爱国主义教育，帮助青少年感受中国共产党艰苦卓绝、波澜壮阔的奋斗历程，理解在中国革命伟大征途中形成的革命精神，引导学生热爱党、热爱祖国、热爱社会主义，进一步坚定在党的领导下，实现中华民族伟大复兴的理想和信念。

组织学生参加红色之旅是丰富我校学生暑假生活、提高学生文化素质的有效途径。中国革命史是中国历史的重要组成部分，中国革命斗争遗留的各种纪念物不但具有丰富的政治意义，也具有丰富的历史内涵和人文价值。组织学生利用暑假时间参加"红色之旅"实践团活动，既是学生接受革命传统教育的过程，也是学生开拓视野、增长知识、陶冶情操、提高修养的过程，是提升我校学生思想道德，拓展学生实践的具体举措。

二、活动对象：高一年级全体学生

三、活动时间

2016年7月1日–6日（7月1日晚上上海南站出发，7月6日上午8点到达上海南站），共6天5夜。（日程安排见附件1）

四、活动地点

活动培训、食宿全部安排在全国青少年井冈山革命传统教育基地。

红色足迹承精神 青春年华担责任——上海田园高级中学赴井冈山社会实践活动
2016.7.3 井冈

地址：江西省井冈山市茨坪镇红军北路49号。

五、活动内容

（1）理想信念教育。以习近平总书记视察井冈山重要讲话精神和社会主义核心价值观为核心内容，通过生动活泼的活动，引导学员牢记要求，增进对党、对祖国、对人民、对社会的深厚情感，树立正确的理想观和价值观。

（2）革命传统教育。立足井冈山丰富的红色教育资源，通过参观

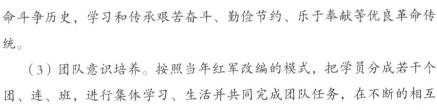

旧址遗迹、聆听革命故事、寻访红色印记等形式，引导学员了解井冈山革命斗争历史，学习和传承艰苦奋斗、勤俭节约、乐于奉献等优良革命传统。

（3）团队意识培养。按照当年红军改编的模式，把学员分成若干个团、连、班，进行集体学习、生活并共同完成团队任务，在不断的相互交流、相互学习、相互帮助中提升学员的团结协作意识。

（4）个人素质拓展。通过重走红军路、军事训练、战地报道、井冈小舞台等系列设计，锻炼学员的体魄，磨练意志，展示才华，提高自信心。

（5）校际活动交流。有计划地组织全国多地区、多学校、多民族的学员共同参与活动，让学员自主交流、自主管理、促进沟通，进一步开阔视野、增长见识。

六、收费标准

6天标准课程为1100元/人，往返火车卧铺费500元，共计约1600元/人，多退少补。

以上费用包括学员在活动期间的培训、食宿、保险、资料、井冈山

景区红色景点现场教学及交通等费用，往返交通费。

七、其他事项

1. 学员餐饮标准为 50 元／人，窗口打餐，入住基地学员楼特色房（上下铺架子床、4 人一间）；

2. 基地为学员配备必要的学习资料，包括但不限于红军包、雨衣、笔记本、基地徽章及手环、创可贴、每天外出的矿泉水、红军服租用（一天）、保险、结业证书等；

3. 要求无特殊情况高一年级全部参加，学校将此项活动确定为我校特色实践项目，也是田园人的拓展型课程（身体原因不能参加的需要家长书面请假）。

附：   一

1. 活动课程安排

2. 参加活动需要注意的事项

3. 培训安全责任承诺书

上海市田园高级中学

全国青少年井冈山革命传统教育基地管理中心

2016 年 5 月 5 日

【附 1】

活动课程安排

启程（7 月 1 日下午）：红色足迹承精神   青春年华担责任

时段	活动安排
下午	下午 4 点到达上海南站，集合清点人数，4:55 上车出发。
晚上	火车上分组讲故事，交流。

第一天（7 月 2 日）：革命烈士陵园、井冈山革命博物馆、茨坪毛泽东旧居

时段	活动安排
上午	到达营地——编组落实房间后，前往革命烈士陵园。
	【井冈山革命烈士陵园】（坚定信念、敢于牺牲的精神。）敬献花圈、参观碑林、纪念碑、雕塑园。
下午	【井冈山革命博物馆】（坚定信念、艰苦奋斗、事实求是、敢闯新路、依靠群众、勇于胜利。）
	【茨坪毛泽东旧居】（参观红军的第一个公卖处。）
晚上	观看电影《井冈山》。

第二天（7月3日）：八角楼、龙江书院、黄洋界、红军造币厂

时段	活动安排
上午	7:00 早餐
	【茅坪八角楼】（教学主题：实事求是、勇于创新的精神。）
	【龙江书院】（毛泽东、朱德首次会面旧址。）
下午	【黄洋界哨口】集体朗诵毛主席诗词（教学主题：依靠群众，勇于胜利。）
	【红军造币厂】红军第一所造币厂，工字银元诞生地。
晚上	拔河比赛、拉歌比赛。

第三天（7月4日）：小井红军医院、大井毛泽东旧居、体验活动

时段	活动安排
上午	【小井红军医院】【小井红军烈士墓】（悼念红军烈士。）
	【大井毛泽东旧居】（感情树、主席读书石、残墙。）
下午	急行军，延通往水口或笔架山路线行程约 3.5 小时。
晚上	篝火晚会。

第四天（7月5日）：寻宝、井冈自由行

时段	活动安排
上午	开展寻宝和找宝活动；以小组为单位逛井冈山街市。
下午	寻访一所希望小学，举行捐赠仪式（将学生带来的书本、衣物进行捐赠）；然后前往井冈山师大附中；晚餐在井冈山师大附中用餐。
晚上	参加井冈山师大附中晚自习；住井冈山师大附中学生宿舍。

第五天（7月6日）：在井冈山师大附中参观学习

时段	活动安排
上午	听课、学习、参观井冈山师大附中。
	中饭在井冈山师大附中学生食堂用餐。
下午	下午和井冈山师大附中学生座谈联欢。
	下午3点送火车站，4:55上车。
晚上	乘车返回上海。

【案例3】

传承与发展 ——高二绍兴文化之旅活动方案

一、活动意义

外部世界的认识是学生生涯发展的重要前提和基础。学生通过探索与绍兴有关的名人文化与经济文化，了解名人成长的生涯历程，了解绍兴古镇商店类型及其相关职业。将生涯教育融入绍兴文化之旅社会实践活动中，让学生逐步探索外部世界，从而加深对自己的了解，提升学生的生涯意识。

二、活动时间

2017年6月30日—2017年7月1日

三、活动主题和要求

了解文化，传承发展。

进行与绍兴有关的名人文化或经济文化的研究，具体要求如下：

（1）与绍兴有关的名人文化。了解名人整个人生的生涯历程，书写文化中的名人故事，介绍名人、名事、名家、名言。内容具体包括：①为什么选择他作为小组的研究对象？②促使他选择这种职业的因素是什么？③在整个人生中，他做了哪些至关重要的选择？每个选择是出于什么样的原因？④你们的感受是什么？对你们的人生发展有何启示？

（2）与绍兴有关的经济文化。了解绍兴古镇商店，古镇是地方经济、文化、生活、习俗的有机整体，古镇的商业化对于带动地方经济起到了巨大的作用。内容具体包括：①都有哪些类型的店？与之相关的职业有哪些？②你对其中的哪种（类）职业感兴趣？为什么？③介绍你感兴趣的职业（职业特点、职业要求、薪酬待遇、发展机会等）。④你们的感受是什么？对你们的人生发展有何启示？

四、活动流程

（1）活动设计：报告确定课题名称、活动方式、研究方向。

（2）组建研究团队：各班分小组，建议 3~5 人一组。以小组为单位，选择自己感兴趣的主题（二选一）进行研究。并且结合各自活动形式的具体需要，明确各成员的研究工作和责任，提高研究过程中各项活动的质量。

（3）设计具体活动计划：按活动安排，研究分为三个阶段：①准备工作：6 月 20 日前做好资料收集与准备工作等，并制定 6 月 30 日、7 月 1 日两天的活动详细计划，报告小组各成员的工作分工；②6 月 29 日、7 月 1 日活动的全程记录，包括与研究活动有关的图片、视频、文稿等；③分析与研究：是活动后期对收集的资料进行分析与研究，并且形成书面文稿的形式（包括研究过程、成果、个人工作小结等），填写研究成果结题报告（含佐证材料）。

（4）研究成果评比、展示活动：参加本次社会实践研究活动的成果除参加"绍兴之行——传承与发展"的主题活动优秀成果评比外，还将以课题研究成果的形式参加学校研究型课程学习的成果展示。

五、活动成果要求

（1）形成文字化研究报告（1000 字以上）。

（2）制作 PPT 或微视频。

（3）各班上交一份活动全过程新闻报道配一些有意义的活动照片。

六、完成时间

（1）研究性学习类型有多种，建议可以选择访谈类、问卷类研究报告。

（2）在 7 月 5 日每班上交一份优质的研究报告及相关的 PPT、微视频上传至班主任，班主任收齐后交学发。

上海市田园高级中学

2017 年 5 月 18 日

3. 家庭空间

除了学校和社会空间，对学生来说，家庭空间也是人生成长最主要的空间。

家庭中的物质空间条件（包括有没有孩子独立的房间）、父母和家庭成员之间的相互关系、父母的言传身教等，都会对学生的成长起着重要而深刻的影响。

家庭教育环境对学生生涯发展状况体现在以下几个方面：

1. 学校对于家庭空间建设的指导和促进

从一个人接受教育的过程来看，家庭空间教育的作用最早、影响最深远。家庭成员的行为方式本就是一种重要资源。很多家庭重视对孩子孩童时代的教育与培养，到了高中，特别是少年往青年的转换期、过渡期，一些家长认为孩子已经长大，放任自流，忽视引导，一些家长面对孩子青春期的逆反，迷茫困惑，无从引导。所以，全方位引导高中生的家庭教育，其重要性也是不言而喻。

（1）主题培训，家教讲座

每一位田园高中学子的家长，在进校报到的当天，都会参加校长学校的情况介绍和高中生家庭教育的重要讲座。同时，高中三年的学习过程中，教导处、学生发展中心、年级组、班主任都会从多角度开展家庭教育主题培训，帮助家长提高对青春期孩子的家庭教育的意识，加大家庭空间的正向引导作用。

（2）创造接近机会，增进亲子感情

高中生的亲子活动有别于幼儿园、小学初中的亲子活动。已经逐渐成熟的孩子更加理性地看待家长参与的共同活动。每年的学校文化交流节，学校都会邀请家长们出席并参与各种表演活动等。高三学生18岁成人仪式活动中，我们设计了"感恩的信"亲子互动活动，采取了孩子写给家长，家长回信的方式。父爱如山，母爱无怨，父母伟大炙热含辛茹苦不计回报的爱流淌在我们孩子18岁的记忆里，点点滴滴，感恩的情绪一点即燃，他们真实感情的流露，怎能不引起家长的共鸣？孩子长大了，懂得感恩与回报了，父母真诚朴实的回信饱含着欣慰与幸福。家庭的理解、包容与和谐这一幕是令人动容的。

（3）教师的"爱心"家访

教师节，是全社会对教师职业的尊重，是太阳下最光辉的事业的一种价值体现。在这个无比荣耀的日子里，我们更加感到教育的路任重道远，感到对孩子成才、对社会发展的不可推卸的责任。我们把这个日子设立为全校教师的共同家访日。由班主任带领本班的科任教师到学困生、个案生、住校生等学生家里进行"爱心"家访，并且由学校从办学公用经费中支出一笔费用，给受访家庭带去适当的礼物，送爱心送慰问送关怀。历来家长学生都只看到告状式的家访，这样真诚的爱心家访，换来了学生发自内心的触动，换来了家长更加主动的配合。

（4）家委会的组建

由每个年级自荐或推选，家庭教育理念良好并且客观理性有一定影响力的家长，组建家长委员会。目的是发挥家长的主体作用，搭建家长与学校的沟通之桥。群策群力，配合监督学校的各项工作顺利落实，关心学校的发展，并能够为学校的发展出谋划策。家委会的建立，促进带动了整体家长素质的提高，发挥辐射引领作用，口口相传，与学校教育形成强大的合力。

（5）班级家长微信群的组建

家长微信群是一个班级的公共信息平台，也是家长们了解学生日常状态，加强与科任老师密切交流的载体。本着相互尊重的原则，对学生的教育达成一致，积极营造风清气正的家长微信群。

2. 家庭教育环境对学生生涯发展状况的影响：

（1）家庭社会经济地位对高中学生生涯发展的影响

当子女在职业选择道路上犹豫不决并寻求帮助时，有些学生就被引入父母正在从事或者父母希望子女从事的职业。有研究表明，兄弟姐妹之间也会产生影响。受访者这样说道："家庭肯定对工作有影响的，我家人就希望我继续深造，然后考公务员或者当老师。"在进行职业生涯规划时，家庭的经济状况也成为高中生们必须要考虑的因素之一。有受访者提道："如果是自主创业，家里没有钱投资的话就会很被动，所以我还是会先去找工作赚点钱，然后再考虑创业的事情。"

家庭社会经济地位对高中学生生涯发展的影响我们在高一和高二两个年段的问卷调查情况如下：

	自我认知	自信心	生涯知识	生涯感受	生涯态度	生涯信念	生涯计划	生涯选择
家庭收入	66.2%	2%	4.3%	4.3%	60.7%	72.2%	67.4%	5%
父亲职业	58.7%	26.9%	51.4%	30.4%	55.4%	10.2%	26.9%	80.5%
母亲职业	96.1%	25.2%	38.8%	68.1%	85.9%	39.7%	54.3%	75.2%
母亲教育程度	11.3%	21.2%	10.9%	2.4%	62.3%	77.7%	90.4%	66.1%
父亲教育程度	35.25	14.8%	45.5%	9.1%	82.4%	69.9%	82.6%	89.2%
家庭和谐度	55.3%	60%	40%	30%	56%	75%	64.5%	78.8%
家庭不健全情况	22.1%	30%	16%	50%	34%	27%	22.7%	48.9%

家庭是学生社会资本的主要来源，家庭经济状况、父母职业、教育背景以及他们的延伸因素，诸如关系网络、学习条件、心理状况、视野范围、信息获取渠道等均可能对学生就读的学校、在校学习和人际交往、

就业单位选择、毕业去向、就业收入等有着显著影响。

（2）家庭交往环境对高中学生生涯发展状况的影响

家庭氛围是指家庭中的成员主观感受到的家庭亲子关系、家庭凝聚力、人际氛围关系等，家庭氛围从不同的角度影响家庭成员的心理和行为。总的来说，和谐型的家庭气氛最有利于人格的发展，而冲突型和离散型则不利于人格的发展。家庭成员关系良好、和谐的家庭氛围是学生成长成才的重要精神支持。亲密程度低、组织秩序差而冲突多的家庭中的孩子更容易焦虑，相反家庭亲密度较高的家庭，不仅能在学习、人际交往等方面为孩子提供一些具体的指导和帮助，还能给予他们家庭的温暖和安全感，既能使孩子乐观、合群和自信，又使其感受到较小的压力。家庭暴力和对孩子的忽视，会对其认知、语言、社交、情绪等的发展都带来非常有害的影响，并容易使孩子出现一系列行为问题、精神失调和病态人格。研究发现父母婚姻不和谐甚至破裂的家庭，由于父母要花很多时间去解决自己的问题，焦虑、烦躁以及其他经济方面的压力使他们很难顾及到孩子。子女因为受到忽视，又时常在受到惊吓和充满忧虑中度日而变得神经质，这种不安全感使得他们长大以后变得感情脆弱，做事畏首畏尾，容易形成自卑心理。认识会随着周围环境的变化而变化。高中阶段是自我意识形成的重要阶段，自我意识主要来源是他人的系统评价，以及与人交往中的比较，远离家庭成员影响的学生可以通过融入校园里各种不同层次、不同类型的群体来完善和修复自我意识。而高中的学生社团、党团组织不仅为高中学生提供角色学习的机会，更可以促使高中学生的渴望交往、寻求友谊、发展感情、自我尊重、自我体现、学会宽容等心理特质的形成，有利于高中形成比较稳定和良好的心理态势，从而开展有效的职业规划。

（3）家庭教养方式对高中学生生涯发展状况的影响

家庭教养方式是指家长尤其是父母在与子女交往的过程中形成和发展的教养观念、教养行为及其对子女的情感表达的一种组合方式，并且是相对稳定的，它反映了亲子交往的实质，是个体社会化的重要因素。根据美国著名心理学家鲍姆林德的研究，父母的教养方式分为以下三种：①权威型，也称民主型。这类教养方式下的父母会表现出对子女成长的关注和爱，会耐心地倾听子女的观点，并鼓励子女参与家庭决策。这类家庭中的孩子在社会能力和认知能力上都比较出色，有较清晰的职业生涯规划。②专制型。这类教养方式，父母对子女的行为有较高的要求和标准，并强调子女顺从，崇尚权威和传统等等，这类家庭的孩子会表现出较多的焦虑、退缩及反抗等负面情绪和行为，职业生涯规划模糊。③宽容型，也称溺爱型。这类教养方式下的父母或者溺爱子女，或者忽视子女，溺爱的父母对孩子充满了爱与期望，对他们百依百顺，但却忘记了子女社会化的任务，导致孩子在今后的职业决策中缺乏信心和责任感，遇到挫折缺乏心理准备和应付方法。

【附录】

十八岁成人仪式前一位父母给孩子的信

小小马：

　　你好！

　　今天妈妈远在重庆，学习之余给你写信，一想到你要18岁了，心情还是非常激动和复杂的！

　　妈妈代表已经步入中年的爸爸有些话想要在你成人礼的时候，讲给你听。也许有些话你喜欢听，有些话不入你的耳，但是不管怎样，代表的是爸爸妈妈在你这个重要的人生时刻，传递给你的是浓浓的爱意和深深的期望！从成人礼之后，代表着你已经真正意义上的长大了，今后我们和你之间更多的是朋友关系、伙伴关系，你更多的是要为自己的行为负责，为自己今后的生活负责。爸爸妈妈也会逐渐地老去，如果说前面的18年是我们全心全意地爱护着你，那么今后漫长的日子里，需要你成为我们坚强的"臂膀"，照顾我们，关心我们，成为我们的骄傲。因此，我们就做一次内心深层次的交流吧！要耐心听哦！

不知道从什么时候开始，你变得十分急躁，不能好好地听完别人的话，不能好好分析别人的建议……这显然不是一个好习惯！呵呵，爸爸妈妈假设这是一个你叛逆期遗留下来的后遗症，爸爸妈妈也相信和理解，这是一个男孩子在成长过程中一个阶段的表现，代表着你是独立自主，并且有主张的表现。要记住"过犹不及"，爸爸妈妈也希望你要变得再大气些，更合群些，团队意识再强些……未来社会，是一个讲求合作联盟的社会，人的社会性是能够很好融合进团队的很重要的品质，爸爸妈妈总归是希望你未来的道路是顺顺利利的啊！

事实上，爸爸妈妈一直很怀念你小小的时候，懵懂的，乐于分享，也有自律，有了错误自己也能反思……恍惚间，你就长那么大了，有点倔强，有点任性，有点自以为是，但是同样你也很孝顺，大方不计较，尤其是独立意识和生活自理能力强……不管是怎样的你，都是代表着不断成长中的多面的你，也代表着一个丰富的你，爸爸妈妈很感谢你能成为我们家的小孩！

今天，在这个成人礼上，爸爸妈妈还是要有些话叮嘱你的，相信你作为一个成年人，会很理性地分析、理解我们字里行间的情感和期许！

人的成长是要经历不断的勤奋的。爸爸妈妈一直很骄傲，你是一个聪慧的孩子，行动力很强，感悟力也比较高，但是不知你有没有发现，你对自己的要求并不十分高。记得有一次，我们在回家的路上有过一段谈话，你觉得"生活是需要品质的，除了死读书之外，还有很多需要关注的品质，比如人的形象、人自我服务的能力、人的独立生活的能力等等"，我十分赞同你的观点，一瞬间，我觉得你长大了，拥有了自己独立的思想，说明你也有自己的社会判断，这很好！但同时妈妈也不太认同你的另一个观点，你觉得不断上进对自己太苦了，快乐的生活才是根本。像你这样一个追求高品质生活的人，不应该有如此简单、浅薄的观点，因为一种快乐的、高品质的生活，是需要经济基础、精神基础的。

当一个人游走在社会底层，没有很高的收入也就预示着不能享受很高品质的生活，因为没有经济基础；简单的生活劳作，也就不需要很高的智慧，日积月累，人也就变得懒怠，思维变慢了也就越发的不聪明了。爸爸妈妈只是想说，我们不一定需要你考多好的大学，多出人头地，但是人一定要尽力，拿出自己最大的努力和投入，才会不遗憾。这就是勤奋。少时不努力，老大徒伤悲！今天你的生活环境，是爸爸妈妈勤奋努力的结果，明天如何生活？爸爸妈妈希望能看到我们的勤奋在你身上延续！勤奋什么时候都不会晚，什么样子都不为过，能够提醒到你，让你顿悟就可！

聪明的人是需要有一颗善于分析的大脑。很小的时候，大家都说你很聪明，那时候你很理性地说："妈妈，因为大家说我聪明，所以我才变得更聪明了呀。"说明小小的你就有一颗冷静的心，能够客观地分析和判断，也知道鼓励、勉励的价值所在。事实上，聪明与否是有天赋的，而你就是有点这样的天赋。但是，聪明有没有真正显露出来，是需要有一颗坚强的大脑的。这颗大脑能够理性地分析学习状况、社会状况；能够辨析别人的建议和观点对自己的帮助有哪些，所谓"三人行必有我师"，所谓"要善于站在巨人的肩膀上"，如果还没有听完别人的建议，就一口拒绝，如果别人刚要提意见，就封闭自己的内心，抱有否定的态度，那叫"一意孤行"，那叫男孩子的"小家子气"。现在，社会上就有很多的宅男，因为很难融入社会，不改变自己的性格，所以荒废了自己的聪明大脑。你是一个有判断力的、正逐渐走向成熟的男孩子，相信在你有意识的调整下你的这个阶段会很好地过去，成为一个更聪明的人。

勤劳和创意、独立和坚强是一种优秀的品质。在你的身上，爸爸妈妈看到了你的这种优秀的品质，这种品质在现在这个年龄段的孩子身上呈现是难能可贵的。双休日，你只要一有空就自己做饭，自己准备便当，而且是变着花样来。犹记得有一次你给妈妈和姐姐做饭，从烹饪到上菜再到洗碗一条龙服务，我们很感动，觉得这就是一个男孩子的担当，懂得照顾身边的人。还记得有一年暑期下暴雨，你坚持一个多小时走回家，尽管淋成"落汤鸡"，但是你没有一点怨言，你觉得一个男孩子就要学会应对生活中的困难，不依赖别人，这也是一个男孩子的担当；所以爸爸妈妈希望你能保持下去，并且让自己拥有更多的可贵品质。

如果说妈妈的良好品质在于"目标感很强"，那么妈妈希望这种品质能够遗传给你。有了任务，不管再晚再累，妈妈总是要求自己按时完成，经常挑灯夜战的妈妈相信给你留下深刻的印象；所谓"不积跬步无以至千里，不积小溪无以至江河"，"今天"的成就，一定是从"昨天"开始一直的努力，没有不劳而获的成果的。

如果说妈妈的良好品质还在于"待人谦和"，那么妈妈希望这种品质也能够遗传到你。轻声细语地说话，代表的是一个人的"修养"；温和地对待身边的人，代表的是一个人的"包容心"；谦虚的姿态，代表的是一个人"不断追求进步"的精神，如果你能够更注意你的说话方式，注意你待人接物的文明，说明你正在努力成为一个优秀的人、高贵的人。

如果说妈妈的良好品质中还在于"爱读书"，那么妈妈希望你重拾起你原有的品质，成为一个热爱读书的人，这个品质你原先就有。现在社会信息快速发展，也造成了大家碎片化的阅读，喜欢热闹的游戏，这个固然是现在有些年轻人的生活状态，但是绝对不是所有年轻人的追求，而且有越来越多的年轻人开始觉醒。外国人常说，我们中国人是一个不爱读书的民族，也预示着我们民族的持续竞争力也不会很强。我们希望在你们这一代人身上能够有所改变，告诉世界"中国人的强大和伟大"。当然，这不是一句口号那么简单，我记得在高中之前你都是很爱读书的，尤其喜欢看侦探推理小说，小学的时候你就看上了长篇，爸爸妈妈觉得这难能可贵。但是进入高中后，你就很少看书了，看的时候也是毛毛糙糙的，在游戏上也花费了大量的时间，好在你还有点自制力。但是这显然不是一种好的发展趋势。不管看什么样的书，对人的精神世界都会有熏陶的，会让人的悟性更高，理解力更强，社会的观察力、判断力、敏锐感更优，文化素养更高，一个爱读书的人不会笨到哪里，差到哪里哦！这些后天的积累，是需要靠自己不断勉励要求自己的。

如果说爸爸的良好品质中有着对工作的"责任感"，那么爸爸希望这种品质也能够遗传给你。爸爸对上下班的制度十分遵守，这是一种责任感的表现。工作上的要求从不懈怠，这也是责任心的表现。爸爸的专业能力很强，经常代表单位参加"练兵比武"活动，说明爸爸在自身专业上不断追求精益求精的精神以及与时俱进追求自我突破的意识。这些品质相信你也有，相信假以时日也能够在你身上鲜明地表现出来，比如你的画作能够博采众长就更好，你的英语能够在原有的基础上拔高一大截就更好了。而这些就需要一个人"责任感"，对生活的态度。

呵呵，妈妈是教师，要原谅妈妈的长篇大论，"职业病"了。好在妈妈还算是个开明的妈妈，是个和其他人家的妈妈不一样的妈妈。拥有这样的妈妈也是你的幸福啊！

远在外地的妈妈，心中一直装着这个孩子的成长。妈妈代表爸爸妈妈的心声给你写这封信，也许尚年轻的你还不会十分体会爸爸妈妈的心情，也许年轻的心还是会有一点点的叛逆，也许会嫌爸爸妈妈啰嗦。但是，这又有什么关系呢，我们是家人嘛，家人才会过分关心，过多唠叨。10年、20年之后，希望你能够回想起爸爸妈妈今天写的这封信，也许那个时候，你的理解又会不同！

成长嘛，努力，坚持，不虚度就可！

祝福我的孩子，考个好大学，学个好本领，以后有个好工作，养活自己养活家人赡养爸爸妈妈！

加油，孩子！

爱你的爸爸妈妈

写于 2017 年 11 月 6 日凌晨 2 点

【附录】

十八岁成人仪式前孩子给父母的信

写给我挚爱的母亲：

妈，这么多年您辛苦了，眼看我就要成年了，这18年来，一直是您支撑着这个家，借此机会，想跟您说一句心里话："妈，我爱您！"

在我眼里，您是个不折不扣的女强人，什么事都能自己办，什么难都能自己扛，为了我们这个家四处奔波，居无定所，这么多年来，妈妈您辛苦了！

我想我小的时候应该是个很黏妈妈的孩子吧。这么多年了，我依然记得很小的时候，有一天您把我哄睡着了，等我醒来却找不到您了，我问我姥姥您去哪了，姥姥她指着火车站的方向说您要去个很远的地方，要上车走了。虽然记忆有些模糊了，但我依然记得当时急躁害怕的心情，我多么想去追您，但幼小的我根本做不到。我还记得有一年除夕，当时一家人围在饭桌前，满桌佳肴，可是却少了您，我甚至不知道您在哪。那晚，在饭桌前，我什么都吃不下去，最终还是忍不住哭了。小的时候在我印象里，您就像个天使，总是让我想着盼着，却总是不知道到哪找您。现在我才知道您当时去北京了，后来那个除夕您是已经去上海了吧，为了生计，不得不出去打拼，妈，谢谢您！一个人出去拼，一定不容易吧，您走的时候也很不舍吧！那年过年是不是也想我了！是不是也哭了！别装，我都知道！

我记得4岁左右吧，有一次我也去了北京，在北京，我的记忆里除了有一次去天安门广场，就是一天晚上，有个陌生人问我厕所在哪，我记得当时我还没来得及说上话，您就出现在我身边，给他指了路，然后把我带回去就是一顿思想教育，很严厉的教育，叫我不要跟陌生人说话，不知道您当时用了什么教育方法能让我记得这么久！

后来几经周折，我跟着姥爷来到了上海，我们终于能每天在一起了，您每天骑车带我上学，来来回回，还赶着上班，有一次，我们住在曹操，

（是叫曹操吧，完了，我已经忘了小学那叫什么了！！！）那边有一个很陡的桥，一个雨天早上，您带我上学走那条路，桥没上去，我们俩连车一起摔了，当时我没什么事，可看着您好像摔得挺严重，当时可心疼您了！您急着上班扶起车就带着我继续走了。还有一天放学，我没打招呼就去同学家玩了，后来回来的时候，听说您都要报警找我了，到家又是一套严厉的思想教育，这让我记得牢牢的。

再长大点，记事就越来越清晰了，我总是这样那样地不懂事，总在您身边呆着，已经找不到那种思念的感觉了，但我知道我离不开您，随着我一天天的长大，您的事业也一天天好起来，您费尽心思谋划生活，花了几年时间读了大学，给我创造了在上海高考的机会，渐渐的，我其实也越来越离不开您，有时联系不上您时，我就会又害怕起来，小的时候是怕您扔下我走了，现在是怕您出事了，像您担心我一样，我们的生命早就联系在了一起。

18岁了，我也该规划我的人生了，这么多年来，天天看着您为了钱劳累，看着社会上为了钱的争论，感觉真的挺复杂，挺累的。以前，我不敢想我的梦想，因为我觉得我以后一定要多赚钱，给您养老，给您个好的生活，但现在，您儿子不一样了，我觉得现在的生活挺好的，有吃有穿，没事时还能举家出游，虽然买不起繁华都市下琳琅满目的奢侈品，但这样的生活对我来说就够了，有个爱我的人，有个朴素的家，然后就是我的梦了！虽然不知道自己究竟有没有这个能力，但我依旧想尝试，无数次我会想起一天晚上，在牡丹江的路上，您指着天上的一道灿烂的星河，告诉我那就是银河（那场景就像是在梦里或许真的就是梦），我记得我很小就喜欢看科普书，尤其是宇宙、星球。不知道是不是因为我的名字，感觉我就应该属于这个领域。虽然说眼前希望渺茫，但我依旧想尝试，眼前的高考，应用物理系就是我的目标！即便我飞不上天，我也想走在科技的前沿，我觉得我们的生活不应该一味追逐利益，更何况，我还有您这个坚实的后盾！说不定以后的生活还得靠您来打理！毕竟据我所知，只要是认识您的人，都知道您最会精打细算了！嘻嘻！

妈，您辛苦了，操劳了这么多年，我考完以后，您应该好好休息了，多想想自己，儿子已经长大了！以前您拉着我过马路，今后，我给您拦住车，您安心地过马路！

爱您的儿子

2017 年 11 月 5 日

3. 国内外空间

伴随"地球村"成为现实，原本完全属于民族国家最敏感部位的教育空间似乎昼夜之间豁然洞开，积极回应全球化进程。国际教育空间，就是教育元素走出国门，冲破种族障碍，不断进行重新拼接组合，使得不同阶段、不同类型的教育内容和教育方法相互渗透影响，以寻求满足学生需求的空间，其学校层面的规范化运动与学生层面的自主能力提升并行不悖，悄然改变着世界范围内教育空间的格局与动向。

俗话说："行万里路，读万卷书。"只有全面观察、实地感受、真正了解世界，才能形成真正的、正确的、系统的世界观！因此，我们注重社会实践考察，让学生真切地了解世界各国、各地、各民族丰富多彩的风土人情、文化习俗、历史传统等，互相尊重、理解包容不同文化背景下的思维方式、宗教信仰、道德准则等，达到"美人之美、美美与共"。

建校以来，田园高中不断拓宽教育资源，如一年一度与德国 EVB 中学、韩国东一女子高中、美国匹兹堡大约翰高中以及与香港地区

的宣基中学、台湾地区的大理高中等学校进行交流活动，前往澳大利亚、加拿大、英国、美国、新西兰等国家的游学项目，每年一届的联合国AFS项目国际文化交流节，学生开阔了眼界，增长了见识，丰富了阅历，培养了理解、包容、融合的理解力。

其中其乐融融、别开生面的国际文化交流节深受广大师生的期待和瞩目。每年4月最后一个星期，每个班级选择一个国家进行文化展示，同时邀请兄弟学校和国际及港台地区友好学校学生以及往届校友"恰得一年相聚"，谈笑风生。在闭幕式当天，学校彩旗招展，舞台灿烂，师生载歌载舞，展现精彩，一起狂欢！

第一届至第十四届国际文化交流节主题

届次	时间	主题
第一届	2004 年	"扩大交流　增进友谊"
第二届	2005 年	"中西融合　海纳百川"
第三届	2006 年	"文化立校　与美同行"
第四届	2007 年	"和谐校园　你我同行"
第五届	2008 年	"世界奥运　世界中国"
第六届	2009 年	"共享世博　共融世界"
第七届	2010 年	"人人参与　快乐共享"
第八届	2011 年	"理解认同　传承融合"
第九届	2012 年	"多元包容　理解认同"
第十届	2013 年	"多元认同　兼容创新"
第十一届	2014 年	"美美与共　多元融合"
第十二届	2015 年	"和美共进　放飞青春"
第十三届	2016 年	"世界风·中国梦"
第十四届	2017 年	"大美田园　创意飞翔"

【附　第十三届国际文化交流节方案】

世界风·中国梦

一、指导思想

为进一步传承中华民族优秀传统文化、吸纳世界优秀文化元素，为创建美育特色高中打造美美与共、多元融合的学校文化氛围，通过丰富多彩的活动设计，发挥学生创意，锻炼学生能力，发挥学生特长，呈现多元、精彩、高雅的校园文化，展示活力、创意、智慧的学子风采，特举办以"世界风·中国梦"为主题的田园高中第十三届国际文化交流节。

二、活动主题词

田园文化节旋起世界风　师生狂欢日畅想中国梦

三、参加对象

全体在校师生、历届校友，邀请集团核心学校、兄弟学校学生、学生家长、社会各界人士和社区代表等共同参与。

四、活动时间

4月18—4月29日，4月29日（周五）集中一天开展全校性集中展示活动。

五、活动组织机构

由校办、工会、教务处、学生发展中心、团委、总务处、信息中心、各教研组、年级组、青工委、校友会共同组成第十三届文化节活动组委会。

组委会主任：陆振权

组委会成员：付宗亮、汪仕伴、唐志华、范向红、何文斌、屠文娟、刘琪、张巍、孙巧林、陈应宏、翟雪梅、朱虹、唐为谦、杜鹃志、毛勇、李卫华、吴玉琳、楼逸昊

工作组组长：付宗亮

工作组成员：范向红、刘琪、唐志华、何文斌、毛勇、张巍

活动总督察员：刘琪

国际文化交流节开幕式

六、活动准备

（一）宣传准备

（1）第七周酝酿方案，第八周召开工作协调会。

（2）教研组、工会、班主任、班长、青工委工作会议上做好发动工作。（教学管理中心、工会、学生发展中心、团委、青工委）

（3）通过校园网、校友微博、百度贴吧、微信提前发布活动信息，4月22日开始宣传发动。（信息中心、学生发展中心、团委、校友会）

（4）校园用环形拱门、氦气球、横幅、彩旗、气球人作妆点。（总务）

（5）当天广播室播放歌曲营造氛围，播报活动信息、注意事项。（信息中心、广播台）

（6）校园全天摄影、摄像，电子大屏幕滚动相关活动信息。（信息中心）

（7）各班级选定国家（信封抽签的形式）制作国家展板（班级提供材料，学校统一制作）；各班绘制宣传海报和给所代表国家大使馆用英文写一封邀请函（高一、高二各班必做任务，学发中心负责落实）；文创工作坊设计 5 份海报（毛勇负责）。

国家有：中国、美国、印度、丹麦、英国、希腊、韩国、意大利、泰国、加拿大、法国、澳大利亚、西班牙等，每个国家制作一面旗帜，按标准尺寸，在多功能厅门口建立各个国家国旗陈列台。（现确定 13 个国家，可以根据情况多做点。）

班级	国家	班级	国家
高一（1）	泰国	高二（1）	埃及
高一（2）	西班牙	高二（2）	日本
高一（3）	意大利	高二（3）	加拿大
高一（4）	英国	高二（4）	澳大利亚
高一（5）	美国	高二（5）	俄罗斯
高一（6）	韩国	高二（6）	阿根廷
教工团队	中国		

（8）制作纪念品。制作文化节活动手册，派发给学校师生及当天来校的校友嘉宾。（由学发中心提供设计，由总务统一印刷。）

（9）国际文化交流的宣传条幅8对。（负责人：李卫华）

（二）材料准备

（1）露天舞台及音响设施（还需要体育馆真人CS音响一套）。（总务、信息中心）

（2）主舞台前观众席位、评委席位摆放设置。（总务）

（3）各个板块区域的桌椅电源，两套座椅一个电源为一组，供展示用。（总务）

（4）美食街（通往食堂的路上）准备12个电源（桌椅由各班级自备）；两侧区域入口处装饰拱形门柱（上书"美食街"字样）。

（5）联系服装租赁，届时由学生自主进行现场租借（团委），地点彩虹广场。

（6）提供参与活动教师的服装租赁服务。（工会）

①制作"游园活动兑奖券"购买游园活动奖品约3000元。（团委、总务）

②游戏准备。

③租赁（待定）投篮机两架、抓娃娃机两架、桌上足球机两架；抓娃娃机内填充小玩偶100个。（总务）

④活动当天食堂正常供应饭菜，包括外来人员（待定）。

⑤请广告公司设计制作文化节活动手册（背面为游园地图）1000份，宣传册、文化节胸贴1000个。（团委、总务）

⑥嘉宾的文件袋（文化节胸贴＋文化节活动手册＋学校宣传册＋水等）

（三）活动接待

（1）确定被邀请人员并发邀请函，确定来宾人数及做好来宾午餐提供。（校办、总务、团委）

（2）活动当日在校门口设立接待处，提供签到、接待服务。（校办、学生发展中心、团委）

（3）开幕式来宾接待、座位安排、席卡放置、茶水服务等。（校办）

（四）经费预算（项目及费用待定）

（1）活动奖品约 3000 元。

（2）各班国际风情服装展示每班 500 元，12 个班共 6000 元。

（3）舞台、音响等。

（4）学生社团展示材料（社团社旗、活动器材等）约 1000 元。

（5）投篮机、抓娃娃机等游艺设备租赁（视规格待定）。

（6）工作餐（视实际人数待定）。

（7）文化节活动手册＋地图 1000 份（人手一份）。

（8）文化节节目单、文化节胸贴 1000 份。

（9）合唱比赛奖品 6 份及奖状。

（10）嘉宾的文件袋。

（11）奔跑兄弟 300 元。

（12）真人 CS1000 元（不足部分售门票补足）。

七、活动安排

4 月 18—4 月 29 日

1. 国旗下主题演讲

4 月 25 日：国外留学生国旗下演讲

2. 各班宣传板报

各班围绕国际文化交流节主题在 4 月 26 日（周二）前出好一期黑板报。学发中心组织评比交流展示。

3. "精彩校园美好瞬间"校园随手拍摄影大赛

时间：4 月 29 日。负责：信息中心（另见活动方案，附 1）。

4. 田园好歌声合唱比赛

负责人：学发中心、艺术组。决赛 4 月 29 日下午，要求高一、高二各班必须参赛，每班准备两首歌曲，一首是固定歌曲《共青团团歌》，一首为自选曲目（尽量在每周一歌的歌曲中选取）。

5. 全校性展示活动（4 月 29 日，周五）

八、国际文化节展示活动

第一部分：开幕式（节目顺序待定）

地点：主舞台

时间：8：00-9：00

（1）升旗仪式

（2）学生节目 1：学生集体舞蹈表演（负责老师：史金玉）

（3）学生节目 2：学生戏剧表演（负责老师：韩磊）

（4）教工团支部节目：内容待定（负责老师：张巍）

（5）家长节目：内容待定（学发中心负责协调负责老师：杜鹃志）

（6）校友节目（含服装设计展示）节目：内容待定（负责：吴玉琳）

（7）校长表演节目，开幕式致辞，宣布开幕（礼花齐放）

（8）宣布盛装游行开始（教师队伍盛装负责人：朱虹）

第二部分：盛装大游行

地点：主舞台前

时间：9：00-9：30

第三部分：文化游园会

时间：10:00-11:30

【板块一】饕餮美食街

负责人：刘琪组织各班级及城管服务队

地点：体育馆门前通往食堂的路两边（食堂门口小路上）

内容：每班作为一家商户申请经营许可证，提供富有特色的各国各地区文化美食，入驻"美食街"。

要求：

（1）商户做到"三保"：保证食品安全；保证定价合理；保证周围环境卫生。

（2）营利项目由各班级自负盈亏；每个摊位上交收入的 5% 为校爱心基金捐款。

国际文化交流节——美食街

（3）商户提前提供宣传海报一张，A4 大小，由学校统一印制。

（4）设立爱心榜单：鼓励摊位以自愿原则捐献一部分收入作为爱心捐款。

（5）学校为每家商户提供电源，并划分好区域位置；每个商户自行准备桌椅，摊位桌椅摆放、装饰布置均由本班级同学发挥创意完成。

（6）组建"城管队"，佩戴袖章，督促商户做好文明设摊工作。

【板块二】异域风景线

负责人：各班级班主任、青工委（范向红、张巍）

地点：操场北一侧

内容：文化展示。各班在本班区域内展示所选定国家的人文、科技、历史、风情等，且融入本班学生活动内容（事先做好展板招贴板，一块国家牌学校统一制作，一块自制。）

要求：

（1）提供给每个班级一个遮阳篷，在篷内项目内容、展示内容不限。可在摊位上售卖除美食以外的用品、杂物等。每个班级根据班级特色，发挥创意，丰富活动。

国际文化交流节——盛装游行

（2）每个班级提供相关国家文化的游戏、游玩项目若干项不少于5项；放置成一份任务桶，抽取任务桶的某一个项目可以获得一枚奖品兑换券。

（3）班级责任到人，由班主任负责奖品兑换券。

（4）青工委（负责人朱薇薇）设一爱心摊位，举办跳蚤市场，此摊位前期向全体教职工征集9成新以上物品进行义卖，所得收入捐献给校爱心基金。奉献一次爱心也可获得奖品兑换券。

【板块三】真人CS

负责人：青工委、体育组（张巍、梁作霖）

地点：体育馆

内容：真人CS

要求：

（1）注意活动安全。

（2）听从教练安排、爱护比赛装备（较昂贵）。

（3）学生教工自愿原则支付一定费用参与活动，本项目不设置兑奖券。

【板块四】民族文化园

负责人：艺术组、外联部（毛勇、学生干部）

地点：舞台侧面

cosplay秀（负责人：周曦）

要求：

（1）以组合形式参赛，鼓励教工参加。

（2）要求一段不少于3分钟的表演，可以是剧情设计也可以是show。

（3）评比最佳cosplay秀、最佳校草、最佳校花和最有魅力女教师、男教师奖。

（4）完成秀组合的每个成员可以获得奖品兑换券一张。

【板块五】社团大咖秀

负责人：韩磊、白敏

地点：教学楼前彩虹广场

内容：各个社团展示

要求：

（1）展示各个社团的特色，要求以任务形式进行，各个社团提前提交3个或者以上的任务。比如，话剧社可以要求朗诵某段台词，模仿一个动作等。

（2）完成三个任务获得奖品兑换券一张。

【板块六】创意萌学园

负责人：各教研组＋创意工作坊毛勇主负责

地点：合欢园前S行路

内容：各个教研组和部分工作坊展示自己的特色内容

国际文化交流节——表演

要求：

（1）展示各个教研组和部分工作坊特色，要求以任务形式进行，请提前提交3个或者以上的任务。比如，语文组可以要求用毛笔默写一首古诗词等。

（2）完成一组任务获得奖品兑换券一张。

【板块七】走进弄堂

负责人：孙娟

地点：进校门大路，蔡元培塑像前道路

内容：老上海弄堂游戏

要求：完成3个活动可以获得奖品兑换券一张。

【板块八】奔跑吧兄弟

负责人：青工委史金玉

地点：操场西侧跑道南半侧

内容：三人一组以游戏形式闯关

A. 合力穿裤子（三人不能用手，其中一个人穿上指定裤子）。

B. 我跳跳跳：指压板上三人一起连续跳跃 8 次（一根绳子）。

C. 夹取弹珠：三人合力完成共 20 个弹珠的夹取任务。

D. 弯腰过障碍物（三人都必须过）。

E. 20s 棒槌大战：三人站在指压板上（上组完成任务的人员作为下一组的铜人）。

要求：

（1）所有项目在 3 分钟（待定）内完成；完成任务后，每人可以获得奖券 3 张。

（2）进场前请尽量找齐自己的同伴；不要携带尖锐品进场哦！

（3）切记：友谊第一，比赛第二！

第四部分：田园好歌声合唱比赛

地点：小剧场

负责人：学发中心、艺术组（范向红主任负责具体安排）

比赛歌曲：每班两首歌曲，一首为固定曲目《共青团团歌》，一首班级自选。

比赛时间：高一年级 13:30-14:20；高二年级 14:30-15:20。

第五部分：英语游园活动

负责人：唐为谦

时间：12:30-13:00

地点：校园绿地

负责：英语组、总务处（另见活动方案，附 3）

九、活动结束安排

时间：15:20-15:50

中午游园活动结束：卫生包干到摊位，板块负责人最后检查上报；中午各班级大扫除，卫生包干区；值周班级负责校园保洁；下午活动结束：值周班级负责校园保洁。

十、评比与表彰

负责人：刘琪。由校办组织评比，采用现场投票的形式（嘉宾入校时材料袋有盛装游行票，每班 3 张票，各部门、教研组、年级组有 3 张），选出以下奖项：

（1）最佳盛装表演奖（集体）

（2）最有魅力女教师、男教师奖

（3）最佳着装奖、最佳才艺奖、最佳活力学生奖

（4）美食街十大吃货奖、最佳摊位奖、最具爱心摊位奖

（5）文化展示园：最佳海报奖、最佳创意奖

（6）创意萌学园：最佳创意奖

（7）合唱一、二、三等奖荣誉

（8）优秀节目奖

2016 田园高中国际文化交流节组委会

2016 年 3 月 28 日

三、校外空间影响力

除了校内育人资源以外，学校的外部育人环境也非常重要。陶行知先生早年就提出了"生活即教育、社会即学校，教学做合一"这一教育理论支柱，筛选蕴含教育价值的社会生活资源，锁定有教育价值的社区教育资源为研究目标。因此，积极挖掘外部育人资源，并合理利用，是学校加强学生核心素养教育的一项重要任务。

1.利用社区服务，培养学生的归属感和责任感

社区是学生长期居住、成长的环境，学生既是社区管理和服务的接受者，同时也是社区建设和维护的参与者，有责任、有义务共建美好社区。社

区是干净整洁文明，还是脏乱差，与学生的个人感受和心理成长息息相关。每年寒暑假，学校要求学生到所在居委会或村委会报到，在了解本小区基本状况的基础上，因地制宜自觉担任社区志愿者工作，开展义务辅导工作、打扫卫生、安全巡逻、法律宣讲等行动。

除寒暑假服务社区活动外，学校学生会和班级团支部多次组织集体活动深入社区，利用周五放学、双休日时间，组织同学到学校附近的社区提供服务。在实践中，学生逐渐体验到关心社区、热爱社区、服务社区的责任感；在相处中，增强了与居民群众之间的沟通互动，强化了邻里关系，提升了社区归属感，并以自己对社区的贡献而为豪。

2.利用各类博物馆、艺术馆，拓展学生的人文素养，培养欣赏高雅艺术的能力

博物馆和艺术馆是传承文化的主阵地之一。它可以丰富学生的各类知识，培养学生的各类兴趣，增强学生的民族自豪感。作为惯例，学校每年都组织学生，参观中华艺术宫、闵行博物馆、上海博物馆、上海电影博物馆等，实地领略文化物质载体的历史厚重感、艺术兼容性，近距离接触文化工作者、艺术传播者。在上海大剧院、东方艺术中心、上海城市剧院、上海音乐厅等地，同学们欣赏过反映聂耳生平的歌剧《国之

参观博物馆

当歌》、上海歌舞团的合唱、新年交响音乐会等；在上海科技馆和航天博物馆，先进科学技术在生活中的应用及航天发展史既让学生大开眼界，激发了他们从事科学研究、开展宇宙探索的兴趣。

各类场馆不仅可以增长学生知识的文化阵地，还可以变成学生特殊才能的锻炼场所。如选修播音主持的同学，就曾经在学校老师的带领下，前往上海植物馆参观学习，提前接受讲解员的练习培训。

3. 利用名校资源，进行大学考察寻访活动

这样的活动，既激发学生对大学生活的向往，又实现学生与大学学长的"手拉手"。居必择邻，交必良友。我校毗邻两所全国著名的高校——上海交通大学和华东师范大学，才华横溢的大学学生、蔚然成风的学习氛围、统筹兼顾的教学环境，能产生正面的、积极的、无形的教化影响。为此，校团委抓住机会，与两所大学的志愿者组织和一些院系

的团委结对联系，每年组织学生与两所大学学生进行互动。华师大学生曾以"过来者"的身份现身说法，为高一学生进行学习方法指导；交大学生曾就"如何使大学生活更有意义"问题给高三学生诸多金玉良言；两所学校的学长甚至参加学校一些班级的主题班会，有的与我校学生结对帮助，引导我们的高中学生健康成长。我校的国际文化交流节，也多次邀请交大学生来展示他们的航模及才艺。

　　参观大学校园是学生最喜欢的交流活动之一。漫步在大学校园，看着雄伟壮观的教学楼，听着底蕴深厚的校园史，学生获得了极大的震撼，内心深处油然而生一种动力，看清了自己的方向，明确了自己的目标，更努力、更刻苦地向优秀者看齐、向理想靠近。

　　我校目前还有如下高校资源：

　　上海戏剧学院：上海戏剧学院综合艺术实践基地。

　　上海视觉艺术学院：文创后备人才培养基地、国学传承基地。

　　上海音乐学院：如雅学堂授课基地。

　　上海师范大学：音乐优秀生源基地。

　　湖南湘潭大学：优秀生源基地学校。

　　华东师范大学：哲学系硕士生实习基地学校。

　　上海交大：上海交大—南加州文创学院基地学校。

4. 鼓励学生走进图书馆，按照兴趣拓展成长空间

"读书切戒在慌忙，涵泳工夫兴味长。"在这个电子设备铺天盖地、各类诱惑层出不穷的时代，能静下心来坐在图书馆，翻翻纸质书报杂志，其实也是文化传承的重要方式。坐落在莘庄地铁南广场的闵行图书馆，有丰富的藏书和优雅的环境。学校双休日从不集体补课，而是把节假日还给学生，让他们自主学习，自主发展。有了充足的时间，有了主动学习的内心意识，图书馆就成了莘庄周边地区学生读书学习的首选之地。寒暑假、节假日，图书馆的各个角落都有学生聚精会神读书的身影，或浏览报刊杂志，或阅读文学名著，吸取精神食粮，丰富自己的知识，开阔自己的眼界。此外，学校还提倡鼓励学生在自己家附近的莘庄图书馆、颛桥图书馆等办卡，充分利用社会资源，开阔眼界，增长见识，发展能力。

5. 访问敬老院

学校各班级团支部，不仅在 3 月份的学雷锋周和重阳节的敬老周去敬老院、福利院奉献爱心，平时还每月定期到附近的福利院，为老人洗头发、洗衣服、打扫卫生，为老人排忧解难。同学们渐渐体会到，老人最怕孤独，最希望有耐心的听众，于是大家认真聆听老人讲述陈年往事，并与老人分享外面世界的新鲜趣闻，你说我听，好一幅隔辈亲的和谐画面。

参与敬老活动，既增强了学生的动手实践能力，培养了学生无私奉献、服务社会的高尚情操，也使学生养成了助人为乐、敬老爱老的良好风尚，同时，让学生直面人生，懂得"生老病死是人生的自然规律"的道理。

6. 参加青少年活动中心的活动，提升学生兴趣，开发学生潜能。

青少年活动中心是以阵地为依托、以活动为载体、以社会为舞台、以服务青少年为出发点，为青少年提供专业性、针对性、科学性学习指

导的校外空间，突出个性化教育，尊重青少年兴趣爱好，注重培养青少年的创新精神、实践能力、自尊自信，让青少年在成长的过程中体验成功与快乐，并陶冶高尚的情操。

我校的很多学生都曾经到那里参加过各类活动与培训，并学有所成。如杨森同学在青少年活动中心接受钢琴老师的专业指导，以上海市钢琴专业第一名的成绩，考入上海音乐学院；周圣嘉同学在那里接受了专业的科技培训，并获得了第 28 届上海市青少年科技创新大赛二等奖等多项市级和区级奖项。

7. 每年暑假，学生参观各类爱国主义基地，接受爱国主义教育

每年暑假，我校全体高一学生赴革命摇篮井冈山，进行为期一周的"重走红军路"体验活动。同学们既参观了革命旧址，又打着绑腿，沿红军当年的路线长途行军；既走进了当地农民家庭，又学习亲自动手做菜做饭；还与当地的高中学生进行交流。

也是在暑假里，学校组织高二学生到绍兴鲁迅故居进行为期两天的"跟着课本游绍兴"活动；每年的高三成人仪式，全体学生到嘉兴南湖或南京雨花台等处，瞻仰先烈的丰功伟绩，缅怀先烈的英勇事迹，提高他们的公民意识、社会担当。

8. 校外志愿者服务活动

学生的生活空间除了在学校和家庭外，还有社会生活空间。

校外生活空间里，学生除了运动、娱乐、餐饮、游玩、逛街外，主动参与各类社会活动，做义务的志愿者，服务社会，帮助他人，这也是增长才干、扩大眼界、提升思想、实现自我人生价值的有效途径。

学生自进入学校那天起，每位学生就都成为社会志愿服务者，每位学生都建立有志愿者服务记录本（后来改为网上记录）。通过双休日、节假日、寒暑假参与的各类志愿者服务活动，让自己成为参与活动的记录

者，见证自己成长的过程，同时形成一种志愿者精神！

【附录】

带队老师心得：走出国门，了解世界

曾经有幸带学生前往德国 EVB 中学进行文化交流，我们所有的学生和老师都分别住到了德国家庭。一般德国家庭都有两三个兄弟姐妹，一家四五口人，比如朱某某同学所居住的家庭就有姐弟妹 3 人。我们几位男教师入住的家庭是祖孙三代的大家庭，奶奶卡里、托马斯夫妇、祝玲姐弟俩。我们一入住这些德国家庭便受到热情的款待，而他们愉快轻松的家庭氛围也极大地影响了我们。

在与德国朋友的交往中，我们都感受到，朋友之间不需戒备，非常放松，人与人的关系比较简单而且透明。有几次在用餐付账时，我们发现德国朋友各自掏出自己的一份，有时却发现他们掏出用餐中的部分钱款。后来才知道，凡是各掏各的，就像中国的 AA 制；而使用餐费的，则是因为招待方按量招待，超量自付，这些事情事先都说得明明白白，所以也就坦坦然然。后来我们在旅途中也尝试着这么做，大家感觉很好。这种简单而明了的人际关系有助于人与人和谐关系的建立。他们在交往中，工作是工作，生活是生活，分得清清楚楚。这应了中国一句老话，"求同存异，和而不同"。这种良好的人际关系带来一种和谐之美，而和谐之美又给处在这种氛围与关系之中的人带来美的体验和享受，得到美的熏陶，完成了一次审美活动，审美意识得到提升。一些同学在日记中写道："我们一到德国朋友家庭就被浓浓的热情与真诚包围，我们丝毫没有身在异乡的感觉。在接待中，他们时时为我们着想，每天做可口的饭菜，处处布置得温馨体贴。在交往中，他们落落大方，他们姐妹兄弟之间感情笃深，父母与子女之间似朋友相处，与我们同样以诚相待。在这种氛围中，我们感觉很开心、很放松，也从德国朋友身上学到许多东西。"

因为对这片土地爱得深沉

——《办学空间学》读后感

上海市田园高级中学　李卫华

我很荣幸成为陆振权校长《办学空间学》这本书在本校的第一个读者，这本书本身就是一个关于教书育人的巨大空间！

陆校长从想象、物质、精神、思想、心理、课程、课堂、虚拟和校外等九个空间维度阐述自己的办学经历。在中国传统文化中，"九"为数字之极，代表多、大、广、高之意。我以为《办学空间学》的九重空间并不是说田园高中办学水平已经高大广全了，而恰是陆校长办学将所有可以利用的空间考虑到了极致，竭尽心智"为每一位师生创设发展的空间"的汗水与智慧的象征。曹雪芹写《红楼梦》"十年辛苦不寻常"，陆校长在田园耕耘14年，这是他14年心血和关爱、赤诚与匠心的一个总结，我相信每一位读者都会从这本书中读出一个教育者的赤子情怀，并以这种炽热的情怀为圆心，以对人的呵护和关爱为半径，去创造、去审美、去梦想、去延伸，画出一个巨大的无限畅想的圆满空间。

感动，是我读这本书的第一印象，随着一页页书香飘荡开来，陆校长在学校的一个个瞬间也浮现心海，他是像营务家一样在经营学校的每一个角落，他是像对待家人一样关爱每一位师生。他把人的健康成长当作第一要务，把"育人"二字落实在扎扎实实的行动当中。书中如数家珍一般，理论并非高深艰涩，实践材料具体可感，既有风骨激情，又有平易质朴，在无声中教导我：教育其实是朴素的职业，做朴素的学问，有朴素的规律。就像家院中的树一样，顺天致性便可蓬勃成长，就像树上开出的花一样，片片不同但朵朵幽香。作为校长的同龄人，再读这本书感受是愧怍——那么多深刻的思想和专业的理论，那么多深入的探索和先进的业绩，那么多热情的投入和创意的思考，那么多执著的坚持和温暖的守望！这些对我都是莫大的鼓舞与鞭策，罗曼·罗兰说："从来没有人为了读书而读书，只有在书中读自己，在书中发现自己，检查自己。"以下，我借用土冕的一首诗来谈谈我读《办学空间学》的具体感受。

吾家洗砚池边树——诗情画意空间

汉代王充说，"譬如练丝，染之蓝则青，染之丹则赤"，说明环境以其文化内涵、审美体验和情感熏陶等因素对人的浸染作用。马克思认为，人创造环境，同样环境也创造人，则更能说明人可以主动改造环境，使之在人的成长发展中起到积极作用。《办学空间学》可以说是一本田园物理空间的改造"史记"。田园高中只有24亩地，是一所毫不起眼的狭小的城乡结合部高中，但陆校长"螺蛳壳里做道场"，他从空中、场室和地面三维立体空间角度精心建设，真的让每一寸土地都鲜活起来，变成了使所有田园人赏心悦目、怡情养性之地。这里有好几百平米的"领空"，原先都是冷漠的水泥地。现在顶楼有了空中花园，有了鲜花楼台，有了植被长椅，有了同学少年，也有了仰观和俯察的最好角度；三楼天台也变成了"和畅园"，翠竹掩映，碧草连缀，"草在结它的种子，风在摇它的叶子。我们站着，不说话，就十分美好。"

"求真、向善、爱美"，陆校长以此为标准，运用美术专业眼光，把田园室场建设得高端大气上档次、精美灵动有意趣。墙上有中外百幅名画，有师生书法，有一堵墙在宣传教师教育理想，有一堵墙在宣讲四季古诗飞花令，有一条走廊在介绍阳光少年和先进教师，有一条走廊在讲述历代传统文化，有现代感的创意工作坊，有人文性的教室办公室。拿陆校长的话来说，他每天都在跟每一寸土地、每一堵墙、每一块墙砖对话，仿似达摩面壁，神同走火入魔，连"仁山智水"喷泉的外立面不用普通瓷砖，而用仿岩石的墙砖，给学生真实的山水观感这样的细节都注意到了，于是这些地、这些墙、这些砖瓦都开口说话了，说出美丽的故事、说出动人的神韵，无言之教显示出强大的功能，于无声处传递着育人之道。

就算你没有来过田园，翻开这本书，满篇的诗情画意也会扑面而来，犹如身临其境：18个园地陆校长一边和师生一起翻耕，一边以最平易的语言渗透着文化化育：看，葵花一分耕耘有十分收获；看，土豆求真简朴而脚踏实地；看，油菜金黄灿烂也表里如一；看，桂树低调优雅却飘向万里。桃李芬芳、丹桂馥郁、红枫尽染、松柏凝寒，一年四季，诗情画意之间，正如陆校长所说："这是富有'人文绿色'的校园内涵特色文化，希望带给学生积极向上、诚信高雅的校园文化氛围，丰富他们的生活体验，享受紧张而幸福的高中生涯，建设人文绿色的幸福校园。"

朵朵花开淡墨痕——个性成长空间

《国家中长期教育改革和发展规划纲要（2010—2020）》指出，创新人才培养模式要关注学生不同特点和个性差异，发展每一个学生的优势潜能。陆校长将教育与农业类比，要想农作物得到好的长势和收成，就要先了解不同农作物种子的特性，然后在合适的时节，以合适方式、提供合适的土壤、水分、温度，然后假以时日，才得以收获。水稻就成为最好的水稻，玫瑰就成为最好的玫瑰！他坚信"每个学生天生有才，每个学生各有精彩"，教育者所要做的就是根据学生特性恰当地给予学生阳光雨露的滋润，使之绽放初芽，努力生长，成熟成材。他提出"美育引领，和谐发展"的办学理念，创建唯美教育空间，春风化雨，提升学生人格修炼品位，使学生有了充分展示个性才能的动力与空间。

"育人"还是"育分"，这是个问题，但陆校长游刃有余。他认为，教育教学质量的提升，审美介入是一种不可估量的神奇力量。他特别强调为了"让每个孩子都健康快乐成长"，需要"不断完善课程方案和课程标准、强化课程的整体育人功能，其中最重要的是促进教师以审美的意识进行教学，审美在各学科得以贯彻，最终让学生的学习变得主动自由。"由此学生有了更多的自主支配时间用于学习绘画、音乐，练习弹琴、书法，考察社会风俗，体会城市变化，撰写文章心得等。学生学习的时空得到延伸，学习的方式更加多样适切。书中见证他亲自在学生心中"播下梦想的种子"，引导田园学子的个性成长，每一个学生在陆校长的心里并不是一个简单的名字，而是一个质朴感人的教育故事：在上海市城市剧院举办过"个人钢琴独奏音乐会"的杨森，美国爱荷华大学数学博士蔡韩沁，校园达人秀中的口技达人袁静、哑剧表演达人程彦博、美术设计达人朱明杰、音乐创作达人沈丹枫……他们都进入重点高校深造，展现出巨大的发展实力。

在田园这方教育绿洲上，我们的师生能细心感受梭罗笔下瓦尔登湖的宁静与多情，能大声吟诵华兹华斯诗中自然的绮丽与绚烂，能传神表演莎士比亚著作中爱情与执着，能实地观赏合欢树枝平整伸展如母亲的爱抚与鼓励。在这里，先后有6位学生出版了自己的个人文集，他们用自己独特的青春视角思考这个世界，思考生活中的真、善、美。他们感悟着生活中的种种美丽，在田园取得他们终生铭记的成功，沐浴着成功的幸福。他们诗意栖居在这片绿洲上，看到明月松间照，看到清泉石上流，感悟真情优雅，感悟宁静自然。

《中庸》里说"万物并育而不相害，道并行而不悖"，在田园，水稻真的长成了最好的水稻，玫瑰真的开成了最好的玫瑰，真正实现"教育为了人的幸福"的目的。田园学子个个朝气蓬勃、个性鲜明、谈吐不凡、自信高雅。

不要人夸颜色好——务实进取空间

教育是农业，苏轼《稼说送张琥》中有着同样类比，"种之常不后时，而敛之常及其熟。故富人之稼常美，少秕而多实，久藏而不腐"。及时播种，精心耕作，等待庄稼彻底成熟，才会有好的收获；反之，播种不及时，等待的耐心不足，庄稼就没有彻底成熟，收起来的就都是秕谷。但是在世俗环境的包围下，教育的坚守和等待过程是漫长而寂寞的，没有鲜花红毯，没有隆重声势。在此过程中陆校长带领田园人"辛勤劳作流汗水，科学耕耘讲智慧"，在无声的韬晦中务实进取，锐意创新，因地制宜地开拓课程建设空间和改进课堂教学空间。

田园高中在"美育引领，和谐发展"的办学理念指导下，凸现"以美辅德、以美益智、以美健体、以美养性"，建成富有美育特色的课程方案与扎实有效的课程教学。学校提出"基础性课程人人过关，拓展型课程各展所长，研究性课程人人体验"的课程理念。在此基础上，我们发展出自己丰富多彩的特色课程：国学雅韵课学生与名家面对面交流，话剧表演课学生编导演评各展所长，100幅名画欣赏、100首歌曲演唱、100篇美文阅读等课程，学生博观约取厚积薄发，创意工作坊课程学生拍摄电影、制作动漫、裁剪服装、播音主持、设计文案。套用一句广告语，"总有一款适合你"，经过10多年的务实追求和积累探究，田园高中课程建设已经符合我校的办学宗旨，每一个学生都可以找到适合自己个性发展的美好空间。

陆校长反对照本宣科，反对无谓浪费师生的宝贵生命时光，喜欢绿色节能，喜欢幸福高效。课堂教学的"五大法宝"是陆校长常挂嘴边的一句口头禅，即"四步八字"教学法、课堂教学内容基本要求、学案、小组学习和个别辅导。看上去朴实无华，但实际上涵盖了教学方法改进和教学内容精简，突出了学生主体地位，关注了学生全面发展和个体发展，促进讲练结合、促进师生合作。陆校长介绍"五大法宝"时语言可能是简练的，词汇也许不新奇，但是他清楚这是田园人10多年心智和汗水的结晶。他与一线教师一起摸爬滚打，切磋探讨，每样"法宝"都经历了3轮以上的实践打磨，不行再改，改了再试。为了提高课堂效率，建设绿色人文课堂，我们的确默默奉献了很多。

只留清气满乾坤——抱负境界空间

冯友兰《人生的境界》中说："一个人可能了解到超乎社会整体之上，还有一个更大的整体，即宇宙。他是社会组织的公民，同时还是孟子所说的'天民'。有这种觉解，他就为宇宙的利益而做各种事。他了解他所做的事的意义，自觉他正在做他所做的事。这种觉解为他构成了最高的人生境界，就是我所说的天地境界。"通过环境空间美化、个性空间延伸和务实空间耕耘，学校的品质和境界有了巨大的提升，但这些还都不够，陆校长这方教育的绿洲上培养的不仅是学识才华，也不仅是思维审美，更是一种格局情怀，是一种生命的崇高境界！我对他致以崇高的敬意！

让老师到各地去采风，这听上去不可思议，而我们确实实地考察古圣先贤、仁人庄士的流风余脉，课本中缺失的学问我们"求诸野"，史传中找不到的逸事我们考证出了家国情怀；让学生重走长征路，这更不可思议，而学生确实参观革命先烈的壮烈事迹，回顾可歌可泣的峥嵘岁月，开展读革命书、唱革命歌、走长征路、吃农家饭、写观后感等具体可感的活动，真切地忆苦思甜，切实养成爱国情怀；不仅如此，田园师生还走进社区、走进里弄深入开展社会实践，了解社会民生情况，培养了社会担当情怀；我们的学生走出上海，走出国门，与世界上的优秀青年交流，考察了异国他乡的风俗文化，打开国际视野，适应全球化时代的需要，感知了天下情怀。举办国际文化交流节、组织学生去绍兴、去南京、去嘉兴、去一大会址，陆校长为办学打开了一个更加广阔的物理空间，也寄托着他培养学生更高远境界的心理空间。不拘于一分两分，不拘于一章一节，不拘于一时一地，让年轻人纵横开合，自由竞逐。在这样的空间奔驰，人就有了气度和胸襟、有了志节和操守、有了自然的顿悟和参省。这些活动目的是让受教育者立足自我，胸怀天下，脚踏实地，仰望星空，看最好的别人，做最好的自己。

鲁迅说："我们自古以来就有埋头苦干的人，有拼命硬干的人，有为民请命的人，有舍身求法的人，他们是中国的脊梁。"我想，在陆校长的办学空间内，这里的"人"应该定义为"天下之人"，他寄望的是培养学生"为往圣继绝学，为万世开太平"的天地情怀。尽管前路漫漫，但他紧盯目标。

"吾家洗砚池边树，朵朵花开淡墨痕。不要人夸颜色好，只留清气满乾坤。"我以为陆校长办学的各种空间境界都是以"爱"为前提的，有了这个前提，才会有思想的觉悟、思考的方向、智慧的创造、行动的热情以及坚守的信念。对教育、对田园、对师生的涓滴关爱化作了洋洋10万言。于漪老师说："表达师爱，不是写在纸上，说在嘴上，而是要用自己的言行来践行，老师对学生要满腔热情满腔爱，做到师爱荡漾。"是的，《办学空间学》记录了陆校长办学的宏观思想理念，更记录了他一言一行亲力亲为的每一个感人瞬间。为什么田园生机勃勃、绿意浓浓？因为他对这片土地爱得深沉。

后　记

　　《办学空间学》终于写完了。

　　大凡某件旷日弥久、牵肠挂肚的艰难之事尘埃落定，总有一种"悟来不须言说，心地豁然开觉"的舒畅，心情轻松而欢愉。但我竟然没有感到轻松，也没有心生喜悦，更多的是忐忑不安的惶恐、战战兢兢的汗颜。究其原因：一是从受到启发策划写书到今天完稿，整整拖了四年，足以说明拖延症的严重；二是关于办学空间的思考大底只是泛泛而谈，在具体实践中单纯按照个人的育人想法，结合办学实际，基本上是想到哪里就行动到哪里，一心想的是给全体师生创设一个优美宜人的学习工作环境，没有做深入细致的调查论证准备，缺乏科学前沿的理论指导，缺少反复思考的真知灼见，很多做法可能因缺少科学依据而不自知，如农者耕田，虽"倾家事南亩"，但因缺少科学耕耘的智慧，也只能年谷不登。所以整本书，具体做法讲得多，理论体系构架和文化底蕴不足，且大有理过其辞之嫌，写完了反而内心诚惶诚恐，忽上忽下，惭愧有余，喜悦不足。

　　那为什么要写这本书呢？

　　还得从 2013 年田园高中建校 10 周年校庆说起。那年，也是我从七宝中学校务办公室主任调任田园高中，担任校长整整 9 年的时候。

　　当年教师节前夕的 9 月 9 日至 11 日，《文汇报》连续三天以整版的篇幅报道田园高中的办学理念和办学实践。三天的大幅标题分别是《办学空间学——打开时空 放飞心灵》《办学品位学——美育引领 和谐发展》《办学影响学——烙在心坎 终身受用》，报道内容从办学思考到实践过程，深入而具体，一件件学校具体小事，一个个学生成功案例，经过报纸的报道，引起了较大的社会反响。而这三篇报道的撰稿者，就是《文汇报》科教文卫版的记者苏军先生。文汇报的"苏军专栏"可以说在上海教育界无人不晓，专栏也多次介绍过田园高中办学事例。苏军老师一直关注我、鼓励我、帮助我、支持我，作为指导者、督促者、激励者，他启发我撰写《办学空间学》一书，来介绍田园，阐述自己。

　　认识苏军老师，还是我在七宝中学任教时的 1997 年，到如今已相互认识整整 20 年。当时我担任七宝中学校务办主任，也负责学校的接待宣传工作。他常常到七宝中学进行实地采访，调研取材，我有幸多次现场聆听他和仇忠海校长的对话交流。苏军老师的教育新闻报道，总是做到深入教育教学基层实地考察采访，然后当晚成稿，次日发稿，一气呵成。也正因为他的实地采访，近距离与校长、教师、学生及家长产生良好的沟通互动，所以他写出来的报道，视角敏锐而独特，观点鲜明而生动，真实性、时效性、价值性兼具，让人信服，广受欢迎。

　　自从我 2004 年 7 月调任田园高中担任校长后，苏军老师一如既往关注我的成长。在我担任田园校长的 14 年里，他每年不忘前来田园，或路过顺道或特意前来，关怀学校的发展情况，就办学定位、教育思路等与我展开随聊式、平等式的漫谈。他总是面带微笑，静静聆听，听我讲那些办学中的酸甜苦辣、喜怒哀乐、得失反思，然后不经意间捕捉到了我办学中的亮点，积极鼓励我，让我整理思路，理性思考，并付之行动。他这种"倒逼"式的引导，让我从埋头苦干中渐渐学会了抬头乐干，学会了眺望远方，让我从教育育人的本质价值和深远意义的深层思考中，坚定自己的步伐，直面困难和挫折，勇敢往前走。

　　以《办学空间学》为书名的出书想法，是苏军老师看到田园多年来对环境空间卓有成效的利用和建设，在听了我对环境建设的想法介绍后，对我提出来的一个期望。他认为，办学空间是一种教育资源，甚至也是一种育人课程，"相由心生，心随境转"，环境对人的成长起到不可估量的作用。所以，他鼓励我把田园的空间建设心得整理出来，写成文字，然后分享给教育同仁，希望能引起大家对办学空间建设的重视和实践研究。

但我一直迟迟不敢动笔，原因有二：

一是自感准备工作不足，许多空间概念界定还茫然费解，空间建设的实践还不尽如人意；二是自感理论功底不足，专业水平有限，唯恐写出来遭人非议。

但我还是动笔了，原因有三：

之所以敢于以丑媳妇不怕见公婆的心态，决定以赶鸭子上架般勇敢写这本书，一是怕辜负苏军老师的期待，让我不敢懈怠；二是在办学实践中逐渐认识到，一所学校空间环境建设的好坏，直接决定着在校师生员工每天的生活、学习的心态和质量，也间接影响着办学的品质，其意义和价值不可估量；三是因为这14年来，我几乎每天早上都会在校园里巡视一遍，田园中的一草一木、一花一叶、一砖一瓦都曾对话过，每一寸土地、每一个空间都曾凝视过……看着郁郁葱葱的校园，欣赏着校园春夏秋冬季节变化带来的不同美丽景致，岁月在流逝，但校园在成长，越来越美丽、幽雅、清新。到明年的9月，我将和我的同事、学生一起搬到一个崭新的校园了，这里的空间建设将由新进入的一群师生继续下去，而对我和我的同事来说，是需要做一个总结，留一份记忆来纪念和怀恋的。写这本书，于公于私，于己于人，都是十分必要的。然后，我们将迈步进入新校园，继续以"十年树木、百年树人"的校园空间建设理想，继续用汗水和智慧，顺应时代发展新要求，开创新的满足师生发展、成就师生"成为最好的自己"校园空间建设。

所以，最终以无知无畏的勇气，以抛砖引玉的坦然，以一种珍惜和留恋的情感，利用双休日、寒暑假，一点一点、断断续续写了下来，以期引起有识之士的重视关切，一起深入研究和建设美好的校园空间环境，为我们校园内师生的生活品质和生命质量提供更好的空间保障。

在这里，我最要衷心感谢苏军老师。可以说，如果没有苏军老师的关心、指点、帮助和督促，就不会有这本书的产生。当我诚惶诚恐把初稿发给他，请他帮我对书稿把关指点，并表达想请他写个书序时，他爽快地答应了，而且非常用心用情地写了一个书序，给了我极大的支持鼓励，让我感动不已！

同时，要衷心感谢闵行区分管教育的张辰副区长和杨德妹副区长、区教育局恽敏霞局长、局党委朱雪平书记，以及区教育局曾经的局领导陈儒俊、金正兴、陈效民、竺建伟、王浩等历任局长、书记，还有教育局其他各位分管领导、各位科室长主任、颛桥镇政府的历任领导邹蜜蜂、徐铁钊、夏林、潘丽萍、陈皋、陈冬发等，因为无论是学校行道树的栽种、绿化的布局、校舍的维修、小剧场的改建、图书馆翻修等基础建设，还是十大创意工作坊的特色打造、屋顶花园的创意设计、特色课程的建设……所有的学校空间建设的设想得以成为现实，都是在各级领导的关心、帮助和鼎力支持下，才得以实现的！

非常感恩我的导师，原七宝中学校长、七宝中学教育集团理事长、上海市教育功臣仇忠海先生，是他的极力推荐，才有了我作为一位美术专业教师成长为一名高中校长的机会，成为了上海有史以来第一位美术专业教师担任高中校长的先例（目前也还是唯一的）。在他身边担任校务办公室主任的8年间，耳濡目染他的人文精神、师德风范、教育情怀、智慧管理、敏锐眼光以及富于创新的精神，把一所上海滩名不见经传的学校，建设成上海乃至全国一流的知名学校，社会公认的高品质实验性示范性高中，成就了无数学生和教师，他以极其超群的开拓创新意识、积极进取精神、雷厉风行行动，带领师生不断前行，不断超越。在此过程中，他所付出的汗水、智慧、执着、毅力，他的锲而不舍、知难而上、超前意识、务实作风，让我深感钦佩，终身受益。

感谢田园高中我所有的同事、学生、家长，特别是田园的行政干部团队，学校建设和发展所取得的每一项成果，都是大家团结一致，共同创意，劳心劳力，付出汗水用智慧一起努力的结果，学校的空间建设与大家的理解、支持、配合和参与密不可分。学校的各类空间建设的想法得以实现，有赖于总务后勤同事的强有力执行，其中在执行过程中的创意发挥，常常超出我的意料，常常让我也为之眼睛一亮。成书过程中大量的照片，是学校信息中心的何文斌主任帮助提供的，成为我文字和思想的一个有力佐证，在此特别感谢！

感谢广西师范大学孙杰远副校长、教育学部王彦、杨茂庆两位领导以及叶蓓蓓、覃基笙两位主任，还有华东师大教育学部的陈向东教授、郁泓、韦频、李明老师等，他们多次邀请我到广西师范大学和华东师范大学的讲学，给了我不断思考的动力和分享的机会，其中一个讲座就是广西师大教育学部王彦副部长命题的"校长的空间领导力"，让我不得不静下心来，认真花力气研究办学空间，直接推动着我要把书写出来的愿望。

感谢我的朋友任军安、顾红梅、陈祥梅等在文字编辑、校对上给予我的热心帮助！感谢我的同事也是我的同龄人、田园语文教研组长李卫华老师，我请他帮助我把关一下我的书稿文字，他非但认真看了，还写了一篇读后感，让我深受感动和鼓舞！我把这篇读后感也收录书中，读者可以感受到他的横溢才华和真情诚意。

感谢我的大学好友陈卫华、绿化专家丁建华以及好友唐为民、尹文明、吴玉林、吴玉琳、冯淳、王正好、苏旻、郁亚妹等，在校园空间建设上都给了田园很多良好的建议和切实的帮助！

感谢我的爱人和儿子，无论在我工作实践还是在写书过程中，都尽可能不烦扰我，给予我充分的理解、支持、包容、鼓励，让我得以安心的工作，静心成稿！

1985年，我考上崇明师范学校。那年，是我踏上教育之路的开始，也适逢我国第一次确立每年9月10日为教师节，开启了全社会尊师重教之风，欢欣鼓舞；1998 年 9 月 10 日，第 14 个教师节之际，我和我爱人在七宝中学举办的 12 对教师集体婚礼上结婚成家，开始了我人生稳定的成家立业生活，心安踏实；今天，2017 年 9 月 10 日，是我国第 33 个教师节，也是我踏上教育之路的 33 个年头，我终于完成了一段自己教育之路上实践和思考的经历梳理，尽管脚印歪歪扭扭忐忑，但还算踏踏实实清晰。

以这样的一本拙著，算作对自己的一段教育之旅的小结，对自己工作了 14 年、建设了 14 年的校园作一个交代。更是想用这样的方式，来感恩曾经和现在以及未来都始终不渝关心我、鼓励我、包容我、培养我的各位领导、各位前辈，这姑且算作是我向你们汇报的一段人生之旅、教育之旅，无论旅途是成功还是失败，因为在你们的关爱中，我能享受着成功的快乐，也能有直面困难的勇气，幸运地一路走来，内心充满感激。也是给一直以来支持我、理解我、帮助我的各界朋友们特别是还在从事着教育事业的同仁们一个单纯分享，一路上有你，我们可以携手共进！

是给深爱我的家人的一个教师节特别礼物。

心怀无限感恩！

陆振权

2017 年 9 月 10 日夜

图书在版编目（CIP）数据

办学空间学 / 陆振权著 . -- 上海：文汇出版社，
2018.2

ISBN 978-7-5496-2447-8

Ⅰ . ①办… Ⅱ . ①陆… Ⅲ . ①学校管理—研究 Ⅳ .
① G47

中国版本图书馆 CIP 数据核字（2018）第 020003 号

办学空间学

——以上海市田园高级中学创新探索为例

陆振权 / 著

责任编辑 / 竺振榕
特约编辑 / 胡敦伦
装帧设计 / 劳晔婷

出 版 人 / 桂国强

出版发行 / 文匯出版社
上海市威海路755号
（邮政编码200041）
经　　销 / 全国新华书店
照　　排 / 上海歆乐文化传播有限公司
印刷装订 / 上海锦佳印刷有限公司
版　　次 / 2018年2月第1版
印　　次 / 2018年2月第1次印刷
开　　本 / 787×1092　1/16
字　　数 / 150千
印　　张 / 13

书　　号 / ISBN 978-7-5496-2447-8
定　　价 / 68.00元